中等职业学校汽车运用与维修专业新课程教学用书

Qiche Cheshen Dianqi Weixiu Gongzuoye

汽车车身电器维修工作页

（第3版）

蔡北勤　陈楚文　主编

人民交通出版社股份有限公司
China Communications Press Co.,Ltd.

内 容 提 要

本书旨在培养汽车运用与维修专业学生胜任汽车售后服务企业车身电器维修工作的能力。全书由 7 个学习任务组成，即汽车车身电器的正确使用、汽车照明系统的检测与维修、汽车信号系统的检测与维修、汽车电动刮水器的检测与维修、汽车电动车窗的检测与维修、汽车仪表系统的检测与维修、汽车中控门锁与防盗系统的检测与维修。

本书既可作为职业院校汽车运用与维修专业学生的教学用书，也可作为职业技能培训和其他从事相关领域工作人员的参考书。

图书在版编目（CIP）数据

汽车车身电器维修工作页 / 蔡北勤,陈楚文主编
. —3 版. —北京：人民交通出版社股份有限公司，
2020.1

ISBN 978-7-114-16091-2

Ⅰ.①汽…　Ⅱ.①蔡…　②陈…　Ⅲ.①汽车—车体—
电气设备—车辆修理—教材　Ⅳ.①U472.41

中国版本图书馆 CIP 数据核字（2019）第 278252 号

书　　　名：汽车车身电器维修工作页（第 3 版）
著 作 者：蔡北勤　陈楚文
责任编辑：李　良
责任校对：孙国靖　扈　婕
责任印制：刘高彤
出版发行：人民交通出版社股份有限公司
地　　　址：（100011）北京市朝阳区安定门外外馆斜街 3 号
网　　　址：http://www.ccpress.com.cn
销售电话：（010）59757973
总 经 销：人民交通出版社股份有限公司发行部
经　　　销：各地新华书店
印　　　刷：北京市密东印刷有限公司
开　　　本：880×1230　1/16
印　　　张：10.5
字　　　数：296 千
版　　　次：2008 年 9 月　第 1 版
　　　　　　2013 年 8 月　第 2 版
　　　　　　2020 年 1 月　第 3 版
印　　　次：2021 年 8 月　第 3 版　第 2 次印刷　总计第 14 次印刷
书　　　号：ISBN 978-7-114-16091-2
定　　　价：30.00 元
（有印刷、装订质量问题的图书由本公司负责调换）

中等职业学校汽车运用与维修专业新课程教学用书

主　　　编　　刘建平　韋东莲

顾　　　问　　赵志群

编　委　会

主 任 委 员　　周炳权　胡学兰

副主任委员　　刘建平　张燕文　韋东莲

编　　　委　　(按姓氏笔画排序)

叶伟胜	冯明杰	刘付金文	刘桂松
刘　毅	朱伟文	齐忠志	何　才
何媛嫦	张东燕	张　发	张琳琳
李　琦	邱志华	邱志成	陆宝芝
陈万春	陈高路	陈楚文	麦锦文
巫兴宏	庞柳军	林文工	林志伟
林夏武	林根南	林清炎	林鸿刚
武　华	武剑飞	段　群	胡炳智
赵中山	唐奎仲	唐蓉芳	徐正国
萧启杭	曾晖泽	赖　航	蔡北勤
鞠海鸥	魏发国		

序

　　看过人民交通出版社发给我的由刘建平和辜东莲两位老师主编的《中等职业学校汽车运用与维修专业新课程教学用书》系列教材样稿后，不禁感慨万千。汽车维修专业课程改革在我国已经开展多年了，如何打破传统的"基础课、专业基础课、专业课"的三段式模式，以及改变以"教师、教室、教材"为核心的三中心特征，一直以来备受关注。虽然有许多学校都在尝试着改革，也取得了许多可喜的成果，但真正意义上的突破还是不多。这套教材的出现真正让我有了一种"久旱逢甘雨"的感觉。记得2004年6月应广州市交通运输职业学校之邀，我参加了该校模块化教学改革研讨会，参观学校模块化教学实训中心，并与老师们一起讨论模块化教材编写，那次接触让我看到了这所学校在汽车维修专业改革中"敢为人先"的闯劲。现在看到教材样稿果然不同凡响，再次让我感受到广州市交通运输职业学校在汽车维修专业改革上的不断创新精神。

　　汽车维修中职教育首先有着明确的培养目标，那就是培养当代汽车维修技术工人。怎样把学生培养成合格的人才是汽车维修中职教育的关键所在，而在教学过程中理论与实践结合应该采取何种形式又是问题的要点所在。汽车维修教学中理论与实践结合往往容易出现重视形式上的结合，忽视实质上结合的问题，例如：将汽车构造教材与汽车维修教材简单地合编成"理实"结合在一起的教材，还有将教室直接搬到实训中心内的形式上的"理实"结合等。真正的"理实"结合应该是根据培养对象和培养目标来确定的有着实际内涵的"理实"结合。这套教材以汽车维修实际工作任务为核心，将专业能力与关键能力培养、学习过程与工作过程融为一体以此展开相关联部分的系统结构、系统原理、维修工艺、检验工艺、工具量具使用、技术资料查阅以及安全生产等内容的"理实"一体化教学。这种方式首先以动手解决具体问题为目标，这样可以极大地调动学生的学习兴趣，学生在学习技能的同时，将必要的理论知识结合在实践过程中一起学习，让学生不仅掌握怎么做的要领，还教给学生为什么这样做的道理。在这种模式中，学生是为了更好地理解所要完成的学习任务才去学习相关理论知识的，这就调动了学生学习理论知识的主动性。学生在学习并完成了实用的汽车维修工作任务后，激发出来的职业成就感，必然会使学生重建因学会工作的内容而久违了的自信心，这正是我们职业教育最应该达到的教学效果。

　　我为这套教材所呈现的课程模式感到由衷的高兴，并对付出辛勤劳动撰写这套教材的每一位老师表示由衷的感谢。我真诚地希望这套教材能够为我国汽车维修专业改革送上一股不断创新的强劲东风，为创造出更加适合我国国情的汽车维修专业课程模式投石问路，为汽车维修职业教育的发展锦上添花。

朱　军

第 3 版 前 言

依据设计导向的职业教育思想,以培养学生综合职业能力为目标,以工作过程系统化为教学原则,广州市交通运输职业学校组织专家与老师编写了"中等职业学校汽车运用与维修专业新课程教学用书"。该套教学用书采用工作页的编写模式,以工作过程系统化课程构建、理论实践一体化教学实施和丰田、通用等校企合作项目开展为教学实践基础,是一套符合职业成长规律的工学结合课程教学用书。

本套教学用书自 2007 年 9 月首次出版以来,获得社会各界的一致好评,并于 2013 年修订再版。2012 年,本套教材申报教育部"中等职业教育改革创新示范教材",有多本教材入选,2014 年以本套教材为核心成果的"基于能力培养的中职汽车运用与维修专业工学结合课程研究与实践"获评国家级教学成果一等奖。这也证明了本套教材不论在教学理论、教学内容,还是教学组织形式上,都具有较强的改革创新特性,值得向全国广大的职业院校进行推广。

该套教学用书重点强调对学生自主学习能力培养,旨在使学生在完成典型工作任务的过程中,学会学习,学会工作。在处理学生与教师的关系、学习目标、课程内容、学习过程和学业评价等方面,该套教学用书具有如下特点:

1. 学生有学习的空间

首先,学习之初所明确的具体学习目标和学习内容可使学生随时监控自己的学习效果,自我评价和他人评价的结合为实现个性化的学习创造了条件;其次,体系化的引导问题强化了学生的主体地位,给学生留下充分思考、实践与合作交流的时间和空间,使学生亲身经历观察、操作、交流和反思等活动;再次,工作页中并不全部直接给出学习内容,而是需要学生通过开放性的引导问题和拓展性学习内容去主动获取,旨在培养学生的自主学习能力,从而使学生能够进一步理解技术知识并提高解决问题的能力;最后,尽量营造接近现实的工作环境,从栏目设置、文字表达、插图到学习内容的安排,都鼓励学生去主动获得学习和工作的体验。

2. 教师角色的多元化

本套教材在明确学习目标的情况下,通过引导问题来提供与完成学习任务联系十分紧密的知识,为教学组织与实施留下许多的创造空间。需要教师转换角色,从一名技术知识的传授者,转化为提高学生综合职业能力的促进者、学习任务的策划者、学习行动的组织动员者、学习资源的提供者、制定计划与实施计划的咨询者、学习过程的监督者以及学习绩效的评估和改善者,即教师的多元化角色。因此,建议在教学实施中,由教师团队共同负责组织教学。

3. 学习目标的工作化

学习目标就是工作目标,既能体现职业教育的能力要求,又能具有鲜明的工作特征。这里的能力不仅仅强调"操作性"与"可测量性",是具有专业内容的综合职业能力,包括专业能力和关键能力,既有显性的、可测量和可观察的工作标准要求,也含有隐性的、不可测量的能力和经验成分。与此同时,学习目标不但具有适度开放的空间,既不拘泥于当前学校或企业的状况,还能充分体现出职业生涯成长的综合要求。

4. 课程内容的综合化

课程内容的综合化体现在:一方面,每个学习任务的内容都具有综合性的特征,既有技能操作,也有知识学习,是工作要求、工作对象、工具、方法和劳动组织方式的有机整体,反映了工作与技术、社会和生活等的密切联系;另一方面,反映典型工作任务的学习任务也具有综合性的特征,要求每个学习任务的内容虽相互独立但又具有内在的联系。

5. 学习过程的行动化

行动化的学习过程首先体现在行动的过程性,让学生亲身经历实践学习和解决问题的全过程,在实践行动中学习,而非以往那种完成理论学习后再进行实践的学习过程;其次是行动的整体性,无论学习任务的大小和复杂程度如何,每个学习任务都要学生完成从明确任务、制定计划、实施计划、检查控制到评价反馈这一完整的工作过程;再次,有尝试新行动的实践空间,尽量创造条件让学生探索解决其未遇到过的实际问题,包括独立获取信息、处理信息,整体化思维和系统化思考。

6. 评价反馈的过程化

过程化首先体现在评价反馈是完整学习过程的一部分,是对工作过程和结果的整体性评价,是学习的延伸和拓展;其次在计划与实施环节中,工作的"质量控制与评价"贯穿于整个过程。过程化的学习评价可帮助学生获得初步的总结、反思及自我反馈的能力,为提高其综合职业能力提供必要的基础。

随着汽车技术的升级换代,综合参考全国各地职业院校和出版社反馈的使用意见,编写组在第2版基础上进一步修订,"中等职业学校汽车运用与维修专业新课程教学用书(第3版)"得以与社会各界见面。与第2版相比,本版教材作了如下改进:

(1)车型进行了更新升级。本套教材仍然以丰田卡罗拉车型为主要技术载体,从2010款卡罗拉车型升级为2014款卡罗拉车型,紧跟市场变化。

(2)通过学习拓展等方式增加新技术。删减了已逐渐淘汰的汽车技术,通过学习拓展等方式新增了ESP、车载局域网、汽油机缸内直喷、空调电动压缩机、电池能源管理系统等技术。

(3)对第2版中的错漏部分进行了修订。

(4)重要知识点旁配置了二维码,扫码可观看该知识点的动画或视频,可使教学更加立体化。

本套教材由广州市中等职业教育地方教材建设委员会组织编写,广州市教育局教学研究室和广州市交通运输职业学校共同主持实施,并得到了人民交通出版社股份有限公司的指导,丛书主编为广州市交通运输职业学校刘建平和广州市教育局教学研究室辜东莲,特邀北京师范大学技术与职业教育研究所所长赵志群为课程设计顾问。

本书由广州市交通运输职业学校蔡北勤、陈楚文主编。其中,蔡北勤编写学习任务2、学习任务3、学习任务5、学习任务7,陈楚文编写学习任务1、学习任务4、学习任务6。全书由蔡北勤、陈楚文统稿,广州丰田汽车特约维修有限公司阮少宁教授级高级工程师审稿。广州市华通丰田汽车贸易有限公司冯奕威、广州市广物君豪汽车贸易有限公司邱万成和谭伟等企业专家为本书的编写提供了大量的技术支持。

由于教材编写组的编写工作是在不断地实践和理论学习过程中进行,正处于不断的学习与更新过程中,难免有不妥之处,还请使用本书的广大师生不吝批评指正。

编　者
2019 年 8 月

致同学

亲爱的同学,你好!

欢迎你就读汽车运用与维修专业!

在我国,汽车产品、技术日新月异,汽车快速普及,汽车行业迅速发展,汽车维修技术人员已成为技能型紧缺人才。作为未来的汽车维修技术能手,你将如何迎接这一挑战? 在此,希望我们的新课程工作页能够为你的职业成长提供帮助,为你职业生涯打下坚实的基础。

与你过去使用的教材相比,你手里的工作页是一套全新的教学材料,它能帮助你了解未来的工作,学习如何完成汽车维修中重要的典型工作任务,并能按照职业成长规律促进你的综合职业能力发展,使你快速成为令人羡慕的汽车维修技术能手!

为了让你的学习更有效,希望你能够做到以下几点:

一、主动学习

要知道,你是学习的主体。工作能力主要是靠你自己亲自实践获得的,而不仅仅是依靠教师在课堂上讲授。教师只能为你的学习提供帮助。比如说,教师可以给你解释汽车发生的故障,向你讲授汽车维修的技术,教你使用汽车维修的工具,为你提供维修手册,对你进行学习方法的指导。但在学习中,这些都是外因,你的主动学习才是内因,外因只能通过内因起作用。职业成长需要主动学习,需要你自己积极地参与实践。只有在行动中主动和全面地学习,才能很好地获得职业能力。因此,你自己才是实现有效学习的关键所在。

二、用好工作页

首先,你要了解学习任务的每一个学习目标,利用这些目标指导自己的学习并评价自己的学习效果;其次你要明确学习内容的结构,在引导问题的帮助下,尽量独立地去学习并完成包括填写工作页内容等在内的整个学习任务;再次,你可以在教师和同学的帮助下,通过查阅维修手册等资料,学习重要的工作过程知识;最后,你应当积极参与小组讨论,去尝试解决复杂和综合性的问题,进行工作质量的自检和小组互检,并注意规范操作和安全要求,在多种技术实践活动中形成自己的技术思维方式。

三、把握好学习过程、学习内容和学习资源

学习过程是由学习准备、计划与实施和评价反馈所组成的完整过程。你要养成理论与实践紧密结合的习惯,教师引导、同学交流、学习中的观察、动手操作和评价反思都是专业技术学习的重要环节。

本课程的学习内容以丰田 2014 款卡罗拉轿车车身电器检测与维修为主线,同时兼顾了常见汽车品牌车身电器维修的技术要求。你要学会使用相关的维修手册及依据维修手册进行规范操作。

学习资源可以参阅高等教育出版社的《汽车车身电气设备检修》(陈高路,2017)、2014 款丰田卡罗拉原厂维修手册(丰田汽车(中国)有限公司,2012)。此外,还要经常阅览汽车车身电气控制系统检测与维修网页,学习最新的技术和实际维修的技术通报,拓展你的学习范围。

你在职业院校的核心任务是在学习中学会工作,这要通过在工作中学会学习来实现,学会工作是我对你的期待。同时,也希望把你的学习感受反馈给我们,以便我们能更好地为你服务。

预祝你学习取得成功,早日实现汽车维修技术能手之梦!

编　者
2019 年 8 月

目 录

汽车车身电器维修学习任务结构图

汽车车身电器的正确使用

- 汽车照明系统的检测与维修
- 汽车信号系统的检测与维修
- 汽车电动刮水器的检测与维修
- 汽车电动车窗的检测与维修
- 汽车仪表系统的检测与维修

汽车中控门锁与防盗系统的检测与维修

学习任务 1　汽车车身电器的正确使用

学习目标

完成本学习任务后,你应当能:

1. 叙述电器系统的发展历程;
2. 概括车身电器设备的组成与作用;
3. 正确操作各种车身电器;
4. 为客户提供正确使用车身电器的建议。

建议完成本学习任务为 8 学时

内容结构

了解车身电器系统的发展历程

规范使用车身电器

汽车车身电器的
正确使用

掌握车身电器的位置、组成
与作用

提供正确使用车身电器的建议

学习任务描述

　　车身电器在工作中存在一定的独立性。熟练使用各种车身电器,可帮助维修人员建立对车身电器比较全面的认识。

　　车身电器是汽车的重要组成部分,其性能的好坏直接影响汽车的使用性能,如为了保证汽车工作可靠、行驶安全,需要各种指示仪表、信号装置和照明等电器的正常工作。正确使用车身电器可以延长各种电器的使用寿命,并能有效地防止因电器的损坏而引发的安全问题。

一、学习准备

1. 早期的汽车上没有电器装置,而现代车辆上装备有大量的电子电器设备,汽车电器系统随着汽车工业的发展、技术的进步经历了怎样的发展历程?

现代汽车电子技术的应用不仅提高了汽车的动力性、经济性和安全性,改善了汽车行驶的稳定性和舒适性,并正在改变着汽车的传统结构,同时也逐步扩展了汽车的功能。从 1886 年世界上第一辆汽车在德国问世以来(图 1-1),经过百余年的发展,汽车工业取得了巨大的成就。如今汽车电子化程度被看作是衡量现代汽车水平的重要标志。

图 1-1　卡尔·本茨制造的第一辆汽车

早期的汽车上根本没有电器装置。大约在 1900 年,随着永磁电动机的发展并应用到汽车上,才出现了电点火,继而又出现了感应线圈点火装置。1912 年,人们研制出照明装置和起动机。20 世纪 50 年代中期,由于将汽车电器系统的电压改为 12V,从而使汽车上的电器装置安全可靠,效率提高。

随着电子工业的发展,电子技术在汽车上的应用越来越广泛,汽车上装备的传统电器设备面临着巨大的冲击。汽车电子技术始于 20 世纪 60 年代,其发展大致分为 4 个阶段,如图 1-2 所示。

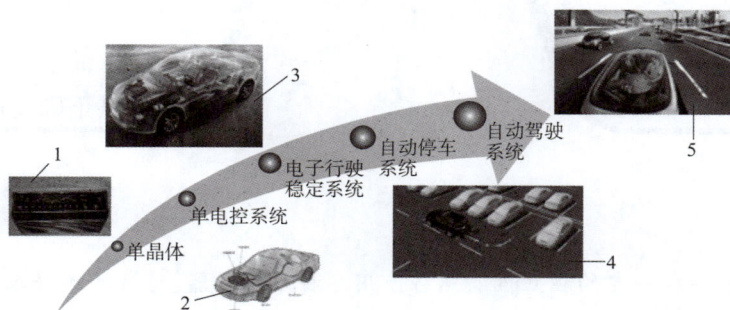

图 1-2　汽车电子技术发展

1-单晶体管收音机;2-电子控制燃油喷射系统;3-电子控制行驶稳定系统;4-自动停车控制系统;5-自动驾驶控制系统

1965—1975 年,汽车电子产品由分立元件和集成电路组成,如晶体管收音机、集成电路调节器等。

1975—1985 年,主要发展专用的独立系统,如电子控制燃油喷射、防抱死制动装置等。

1985—2000 年,主要开发可完成各种功能的综合系统及各种车辆整体系统的微机控制,这个时代称为汽车的电子时代。

从 2005 年开始,主要发展集合电子技术(含微机技术)、优化控制、传感器技术、网络技术、机电一体化耦合交叉技术等综合技术的小系统,如自动防撞系统、动力最优化系统、自动驾驶(泊车)技术等。

2014 年,美国 SAE 协会制定了 J3016 自动驾驶分级标准,对自动化描述分为 L0 ~ L5 共 6 个等级拉开了自动驾驶汽车的序幕。各级别驾驶情况,见表 1-1。

自动驾驶分级标准细化表　　　　　　　　　　　　　　　　　　　　表 1-1

等　级	名　称	转向、加减速控制	对环境的观察	复杂驾驶的应对	应对工况
L0	人工驾驶	驾驶人	驾驶人	驾驶人	—
L1	辅助驾驶	驾驶员 + 系统	驾驶人	驾驶人	部分
L2	半自动驾驶	系统	驾驶人	驾驶人	部分
L3	高度自动驾驶	系统	系统	驾驶人	部分
L4	超高度自动驾驶	系统	系统	系统	部分
L5	全自动驾驶	系统	系统	系统	全部

国内外汽车专家一致认为,今后汽车行业的竞争就是汽车电子技术的竞争,汽车电子领域的重点发展方向为:智能化、网络化、集成化、模块化和汽车软件等技术。

2. 汽车电器由哪几部分组成? 各部分分别实现什么功能? 汽车电路主要有哪些特点?

现代汽车的电器种类和数量都很多,按照对汽车行驶性能作用的影响划分,除了电源、全车电路和配电装置之外,主要有两部分:一是电子控制装置,二是车载电子装置,如图 1-3 所示。

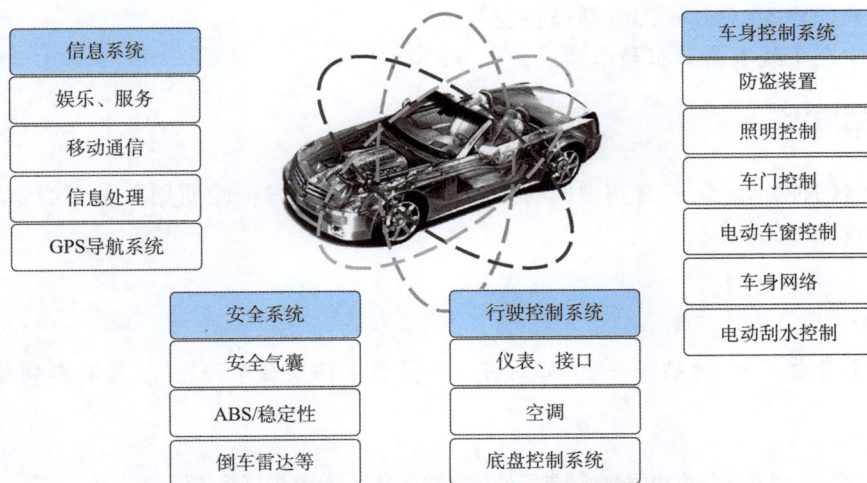

图 1-3　汽车车身电器各分系统组成示意图

1)电源

汽车共有两个电源:蓄电池和发电机。发动机不工作时,由蓄电池供电;发动机工作后,由发电机供电。

2）全车电路及配电装置

不同车型的车身其电器设备尽管有所不同，但是汽车电路有一些基本的共同点：

（1）汽车电路采用低压直流电，目前汽油车普遍采用12V电压，中、重型柴油车因起动机功率大，所以多采用24V电压。

（2）大多数采用单线制供电，利用车身的金属机体作为搭铁回路。

（3）各用电设备的电路均采用并联连接，并受各自的开关控制。

（4）大量使用继电器。继电器是控制开关运动和保护装置，一般是利用开关控制继电器，再由继电器控制用电设备。

3）电子控制装置

汽车电控系统必须和车上的机械系统进行配合使用，即"机电结合"的汽车电子装置，汽车电控系统直接影响汽车的性能。

汽车电控系统包括电子燃油喷射系统、防抱死制动系统、防滑控制系统、牵引力控制系统、电子控制悬架、电子控制自动变速器、电子动力转向系统等。

4）车载电器

在汽车环境下能够独立使用的电子装置，与汽车本身性能无直接关系，属于汽车的附加部分。

（1）照明与信号。

照明与信号系统包括车外、车内的照明灯具、音响信号和灯光信号，提供车辆夜间安全行驶必要的照明与信号。

（2）组合仪表系统。

组合仪表系统用来监测发动机和汽车的工作情况，使驾驶人能够及时了解发动机及汽车运行的各种参数并发现异常情况，确保汽车正常运行。

（3）辅助电器系统。

辅助电器系统包括风窗玻璃刮水器和清洁器、电动车窗、电动后视镜、中央门锁、防盗装置、导航系统、音响及电视娱乐系统、车载通信系统、上网设备等。辅助电器设备主要是增加操作的舒适性和安全性。一般车辆的豪华程度越高，辅助电器设备也越多。

本书主要集中在车载电器即车身电器设备部分的学习。

二、计划与实施

汽车车身电器的种类繁多，各自实现的功能也不同。通过学习正确使用各种车身电器，能帮助你建立对车身电器比较全面的认识。

小提示

在使用车身电器时，为确保安全，必须将汽车置于空挡或驻车挡，并拉紧驻车制动器操纵杆。

3. 请你按照提示，独立操作或小组合作，学习使用各种车身电器，并做好相应记录。

在进入驾驶室之前，需要使用合法钥匙打开车门，如图1-4所示。也可通过按下遥控器上的开锁开关来打开车门，如图1-5所示。

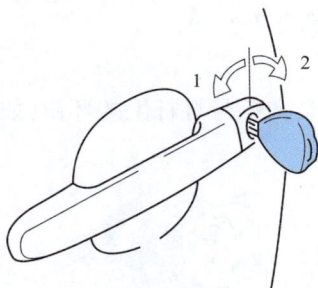

图1-4　使用机械钥匙打开车门
1-锁止所有车门;2-解锁所有车门

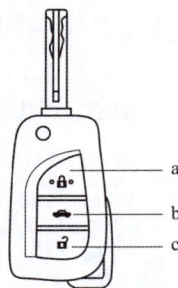

图1-5　使用遥控钥匙打开车门
a-锁定开关;b-行李舱开锁开关;c-开锁开关

小提示

对装备有防盗系统的车辆,如果使用非法钥匙打开车门,将触发警报装置。

在使用部分电器的过程中,需要插入点火钥匙并转至相应的位置,因此,需要了解点火开关各位置的功能。卡罗拉轿车的点火开关位置如图1-6,灯光旋钮如图1-7所示。

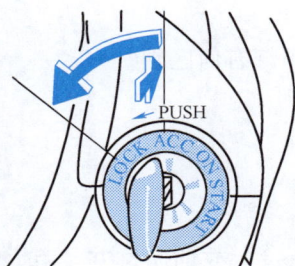

图1-6　点火开关的挡位

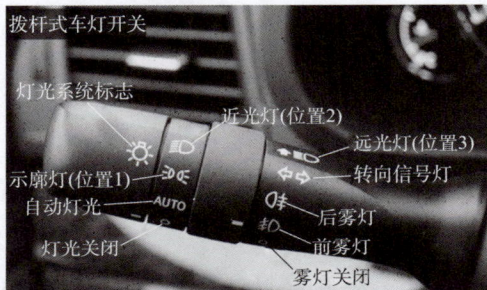

图1-7　转动前照灯/转向信号灯杆钮

"LOCK"——锁止位置。发动机停止工作且转向盘被锁定,只有在该位置上才能取下钥匙。

"ACC"——附件接通电源位置。可以操作收音机等附属设备,但发动机停止工作。

"ON"——点火位置,可以操作所有的附属设备,是正常驾驶时的位置。

"START"——起动位置,用于起动起动机,释放后钥匙将回到"ON"位置。

1)照明系统的使用

(1)使用停车灯、尾灯、牌照灯、前照灯。

如图1-7所示,转动前照灯/转向信号灯杆钮,分别至位置1、位置2停止。根据你的观察,请说明开关在位置1时,哪些灯被点亮? 开关在位置2时,哪些灯被点亮? 仪表板上 ⫤D0⫤ 在开关位于位置1和位置2时都亮吗?

小提示

为了防止蓄电池过度放电,在发动机没有运转时,不要长时间打开车灯开关。

将开关保持在图1-7所示的位置2上,前后拉动前照灯/转向信号灯杆,如图1-8所示,观察前照灯照射光线的变化。

相比于位置2,灯杆处于位置1时,照射光线更_____(远/近)。

灯杆的位置 3 与位置 1、2 有什么不同？仪表板上 ⬛️🔅 始终都亮吗？

（2）使用前雾灯。

将开关保持在图 1-7 所示的位置 1 或位置 2 上，转动前照灯/转向信号灯杆上的环钮，如图 1-9 所示，观察前雾灯是否被点亮。

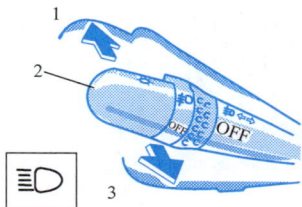

图 1-8　前后拉动前照灯/转向信号灯杆

图 1-9　转动前照灯/转向信号灯杆上的环钮

前雾灯是否被点亮？仪表板上 🔅 是否同时被点亮？

前雾灯的光线颜色与前照灯的光线颜色是否不同？照射范围与前照灯有何区别？

（3）使用后雾灯。

后雾灯与前照灯开关、前雾灯开关所处的位置都有一定的关联。通过改变前照灯开关、前雾灯开关的位置，在不同情况下按下后雾灯开关，观察后雾灯是否被点亮。后雾灯开关如图 1-10 所示。

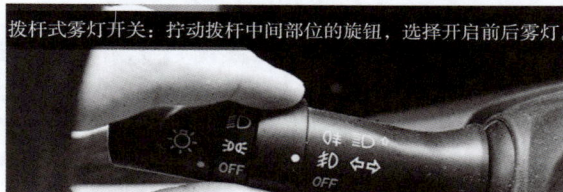

拨杆式雾灯开关：拧动拨杆中间部位的旋钮，选择开启前后雾灯。

图 1-10　后雾灯开关

后雾灯在什么条件下才能被点亮？

（4）使用车厢灯。

需要点亮车厢灯时，可将车厢灯开关滑移至相应位置，如图 1-11 所示。

车厢灯开关具有以下位置：

"ON"——全时间内，保持灯在发亮的状态。

"OFF"——将灯熄灭。

"DOOR"——任何一个车门打开时，此灯发亮。所有车门关闭后，此灯熄灭。

将开关设置在"DOOR"位置，打开任何一个车门，然后关闭所有车门，观察车厢灯的变化并记录。

图1-11　车厢灯开关

思考:在使用卡罗拉轿车照明系统的各种灯光时,需要用到点火钥匙吗?

2)信号系统的使用

(1)使用转向信号灯。

插入点火钥匙并转至"ON"位置,向上或向下拉动前照灯/转向信号灯杆至位置1,如图1-12所示。观察转向信号灯是否闪亮。

向上拉动前照灯/转向信号灯杆至位置1时,_____(左/右)转向灯闪亮,表示_____(左/右)转向。

向下拉动前照灯/转向信号灯杆至位置1时,_____(左/右)转向灯闪亮,表示_____(左/右)转向。

(2)使用应急警告灯。

按下应急警告灯开关,如图1-13所示,观察所有转向灯的工作情况并记录。

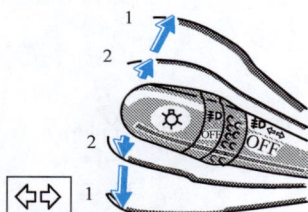

图1-12　向上或向下拉动前照灯/转向信号灯杆

图1-13　按下应急警告灯开关

所有转向灯是否闪亮?

应急警告灯的工作是否受点火开关控制?

同时打开应急警告灯开关和转向灯开关,观察并记录转向灯的工作情况。

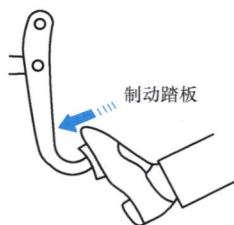

图 1-14 踩下制动踏板

（3）使用制动灯和高位制动灯。

踩下制动踏板，如图 1-14 所示，观察制动灯和高位制动灯是否点亮。与示廓灯亮度有何区别？

（4）使用倒车灯。

保持点火钥匙在"ON"位置，踩下制动踏板，并将换挡杆推至"R"挡，如图 1-15 所示。观察倒车灯是否点亮。

图 1-15 倒挡

注意：为确保安全，当挡位处于"R"挡时，制动踏板必须一直踩住。

3）组合仪表系统的使用

组合仪表的外观如图 1-16 所示，对比使用的卡罗拉车型，说明各部分的名称。

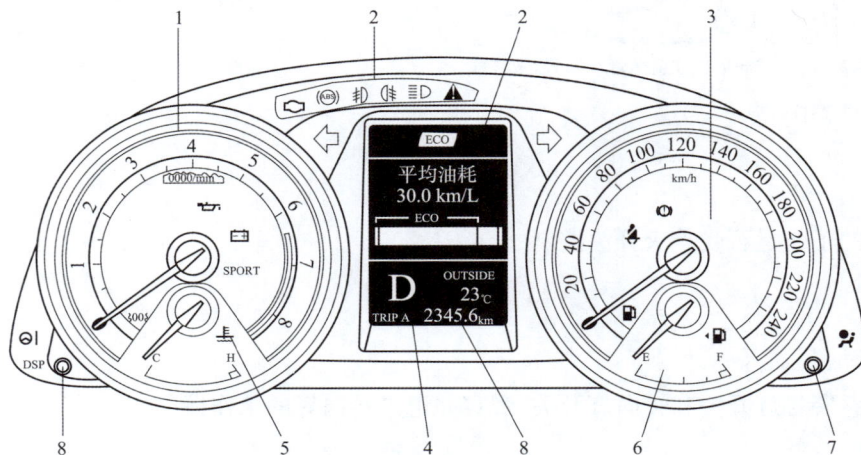

图 1-16 组合仪表

1:转速表;2:维护提示指示器和指示灯;3:_____;4:自动变速器换挡位置指示灯;5:_____;6:_____;7:短距离里程表归零钮/仪表灯控制钮;8:里程表、双短距离里程表和仪表板灯控制显示器。ECO:环保驾驶指示灯。

(1)使用燃油表(图1-17)。

插入点火钥匙并转至"ON"位置,观察燃油表指针是否摆动,并记录燃油表显示的燃油量。

"E"——Empty,表示空。

"F"——Full,表示满。

记录你使用的车辆当前的油量。查找本车添加的汽油标号。

(2)使用发动机冷却液温度表(图1-18)。

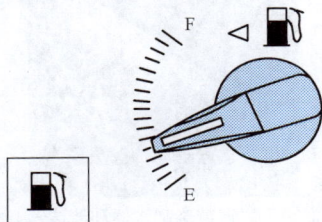

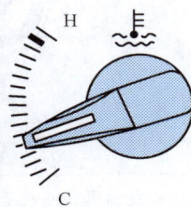

图1-17　燃油表　　　　　　　　　图1-18　发动机冷却液温度表

打开点火开关,记录发动机冷却液温度表的显示数值。起动发动机,观察发动机冷却液温度表的显示数值随时间变化的情况。

"C"——Cool,表示冷。

"H"——Hot,表示热。

记录发动机起动前的冷却液温度。

记录发动机热车之后正常的工作温度。

记录发动机起动后,冷却液温度表的显示数值随时间变化的情况。

小提示

为确保安全,最好使用举升机将车辆举升离地面一定距离。

（3）使用转速表。

起动发动机后，轻踩加速踏板，观察转速表的变化，如图1-19所示。

📘 **小提示**

禁止持续加速，使转速表上的指针进入红色区，否则，会使发动机受到严重损坏。

4）辅助电器系统的使用

（1）使用风窗玻璃刮水器和清洁器。

风窗玻璃刮水器和清洁器开关如图1-20所示。卡罗拉轿车的刮水器有快速刮水、慢速刮水、间隙刮水、手动控制刮水等功能。插入点火钥匙并转至"ON"位置，根据图1-20所示改变刮水器和清洁器开关的位置，观察刮水器转动速度的变化。

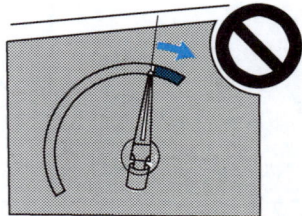

图1-19　禁止将发动机转速升至蓝色区域

图1-20　风窗玻璃刮水器和清洁器开关

"1"表示＿＿＿＿＿＿＿＿。

"2"表示＿＿＿＿＿＿＿＿。

"3"表示＿＿＿＿＿＿＿＿。

A：快速刮水；B：慢速刮水；C：间歇刮水。

向内拉动刮水器和清洁器开关时，清洗器是否喷射清洗液？

图1-21　驾驶人侧电动车窗开关

（2）使用电动车窗。

驾驶人侧的电动车窗开关如图1-21所示。保持点火钥匙在"ON"位置，轻轻按下或上拉开关，观察车窗玻璃是否打开或关闭。

将开关完全按下或完全拉起，比较车窗玻璃的工作情况与轻轻按下或上拉开关时车窗玻璃的工作情况有什么不同？

车窗锁止开关的作用是什么？观察锁止开关与四个车门车窗开关的控制关系。

（3）使用电动后视镜。

电动后视镜开关如图 1-22 所示。保持点火钥匙在"ACC"或"ON"位置,操作电动后视镜开关,观察电动后视镜的工作情况。

电动后视镜主开关的作用是什么？控制开关的作用是什么？

（4）使用电动门锁。

电动门锁开关如图 1-23 所示。保持点火钥匙在"ON"位置,操作电动门锁开关,观察门锁的工作情况。

使用电动门锁锁门后,从车外能打开车门吗？

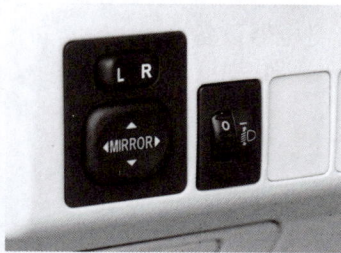

图 1-22　电动后视镜开关

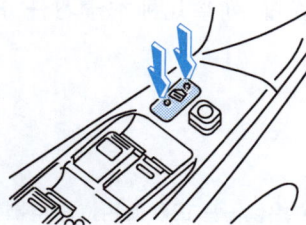

图 1-23　电动门锁开关

（5）使用防盗装置。

降下驾驶人侧电动车窗,拔出点火钥匙,关闭所有车门,按下遥控器的锁定开关,如图 1-24 所示。观察安全指示灯是否开始闪烁,如图 1-25 所示。

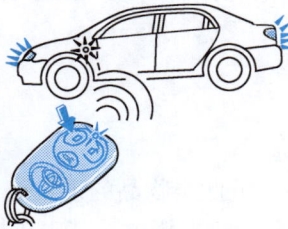

图 1-24　设置防盗

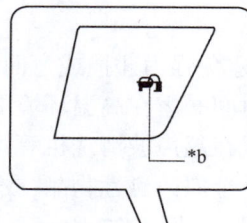

图 1-25　安全指示灯

通过打开的驾驶人侧车窗,伸手进入驾驶室,拉动门控开关,打开驾驶人侧车门,此时是否触发报警装置？

（6）使用音响系统。

将点火钥匙转至"ACC"或"ON"位置,就可以打开音响系统。图 1-26 所示为汽车音响控制面板。

图 1-26　汽车音响控制面板

通过实际使用车辆的音响设备，说出音响控制面板上各按钮的功能。

4. 通过使用实训车辆的电器设备，你应该对车身电器设备有比较全面的认识。结合你的工作体会，正确回答下列问题。

（1）在已使用的电器设备中，哪些设备受点火开关控制，哪些设备不受点火开关控制？

（2）查阅相关资料，列举几种本学习任务中未提及的车身电器设备。

5. 请你为客户提供一些正确使用汽车电器设备的建议，并简要说明理由。

（1）卡罗拉轿车为车主提供了三把钥匙：两把智能遥控钥匙、一把机械钥匙和一块钥匙号码牌。两种钥匙的区别在于_____不能解锁车辆防盗系统。钥匙号码牌用于配制新的原厂钥匙，应妥善保管不要放在车内。

（2）使用带转发器芯片的钥匙时，要注意不要出现以下情况，否则，会造成钥匙不能正常使用等情况。

① 请勿掉落钥匙，避免强力碰撞或弯曲；
② 请勿将钥匙长时间暴露在高温环境下；
③ 请勿弄湿钥匙或在超声波清洗机等设备中清洗钥匙；
④ 请勿随钥匙附带金属或磁性物品，或将钥匙放置在靠近此类物品的地方。

（3）如果是电子钥匙，如图1-27所示。提供了遥控钥匙和机械钥匙。其中机械钥匙可操作驾驶人车门锁芯，但不能用于起动发动机。

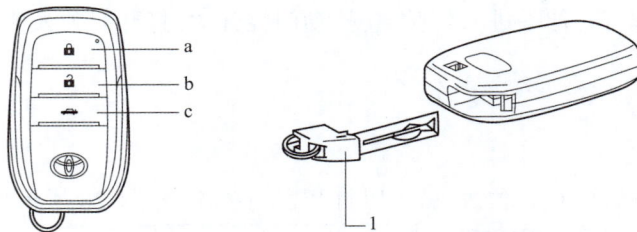

图1-27 电子钥匙
a-锁定开关；b-行李舱开锁开关；c-开锁开关；1-机械钥匙

（4）智能钥匙隐藏功能。

随车钥匙一般配有隐藏功能，卡罗拉轿车智能钥匙配有车窗控制、防止钥匙锁车内功能。

①钥匙遥控车窗功能原车是没有激活的，需单独激活。激活后可使用钥匙控制驾驶人侧车窗玻璃升降。通过长按解锁键或关锁键4s左右，驾驶人侧车窗玻璃会自动升降。或是通过"钥匙控制升降"，则是

用机械钥匙插在钥匙孔里面,逆时针旋转就升起玻璃,顺时针旋转则降下玻璃。

②防止钥匙锁车内功能,是当所有车门锁止且行李舱盖关闭时,即使电子钥匙留在行李舱内,也能激活钥匙防反锁功能。在此情况下,可按下行李舱盖上的行李舱解锁按钮打开行李舱盖。如图1-28所示。

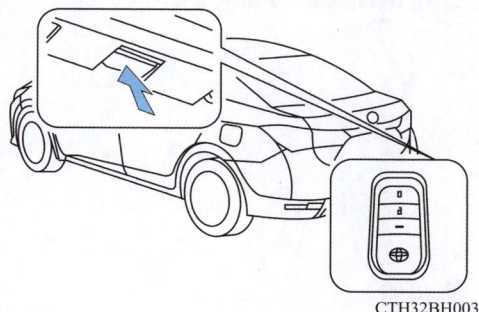

CTH32BH003

图1-28　钥匙隐藏功能——钥匙锁车内的解锁功能

(5)安全气囊胀开时,会产生相当大的冲击力,如果驾驶人过于靠近安全气囊,可能会导致死亡或严重受伤。因此,在保证驾驶人能舒适地踩到制动踏板、控制转向盘的前提下,将座椅尽量向后移。通过调节座椅,如图1-29所示,使得转向盘中心到胸骨的距离大于250mm,保证有一个合适的安全范围。

在需要调节座椅前后位置时,握住座椅位置调节杆中间并向上拉,然后利用轻微的身体压力把座椅滑动到所需要的位置,将杆释放。

基于相同的原因,在驾驶车辆的过程中,要注意不要出现以下情况,否则,可能会造成人员伤害。如图1-30所示。

① 坐在座椅的边缘或靠在仪表板上。

② 有小孩站起或跪在前排乘客座椅上。

③ 乘客抱幼儿坐在前排。

④ 有物品堆放在仪表板或转向盘的上面或前方。

图1-29　调节座椅

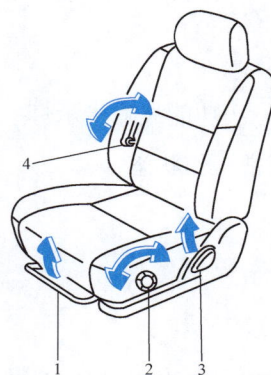

1-座椅位置调节杆;2-座椅高度调节钮;
3-座椅靠背角度调节杆;4-座椅腰部支撑调节杆

图1-30　易造成人员伤害的几种情况

📘 小提示

安全气囊系统只是一种辅助安全系统,如果驾驶人和前排乘客没有正确扣好座位安全带,则安全气囊在胀开时有可能导致驾驶人和前排乘客死亡或严重受伤。

(6)汽车收音机依靠安装在后车窗上的天线收取信号,如果在后车窗玻璃上粘贴薄膜,有可能减弱收音机的接收灵敏度。

(7)请向客户说明以下部分仪表板指示灯的作用及正常工作的情况。

安全气囊警告灯

正常工作状态：将点火钥匙转至"ON"位置时，该指示灯点亮，约 6s 后熄灭。该指示灯出现异常工作状态时，说明安全气囊或座椅安全扣带预拉装置功能失常，需要检修。

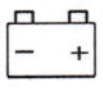

充电系统警告灯

正常工作状态：

该指示灯出现异常工作状态时，说明：

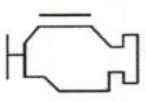

功能故障指示灯

正常工作状态：

该指示灯出现异常工作状态时，说明：

防抱死制动系统警告灯

正常工作状态：

该指示灯出现异常工作状态时，说明：

(ABS) 与 (!) 有什么区别？

学习拓展

带按钮式起动的电子无钥匙点火开关如图1-31所示。

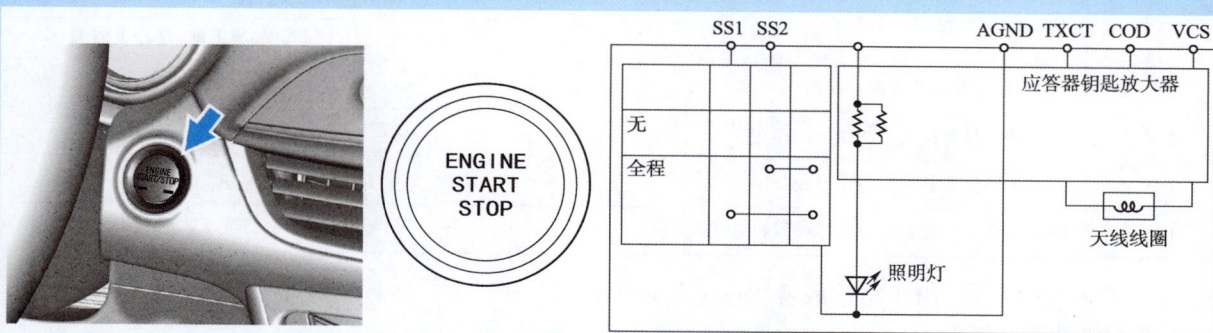

图1-31　带按钮式起动的电子无钥匙点火开关

当按下按钮时,车辆可在3种模式之间循环:ACC/ACCESSORY(附件)、ON/RUN/START(点火/运行/起动)和STOPPING THE ENGINE/LOCK/OFF(熄火/锁止/关闭)。

正常起动流程为:不踩制动踏板,按一下起动键,此时ACC灯点亮,车辆进行自检;接着踩下制动踏板,按一下起动键,车辆起动。

注意:

(1)如果车辆因为亏电等原因无法起动,在按住起动键5~10s之后必须松开,间隔至少15s,才能再次起动。否则有可能导致起动机过热或损坏、消耗蓄电池电量,甚至汽缸内出现淹缸的情况。

(2)如果按下ENGINE START/STOP按钮2s以上,或在5s内按下两次,则进入ACC/ACCESSORY(附件)模式,该模式可在发动机未起动的情况下使用车辆部分电器附件。部分车辆点火开关在5min后将从ACC/ACCESSORY(附件)模式切换至OFF(关闭)模式,以防止蓄电池放电。

三、评价反馈

1. 学习自测题

(1)汽车电路的特征有(　　　)。

　　A. 并联单线　　　　　B. 一个电源　　　　　C. 负极搭铁　　　　　D. 低压直流

(2)只有将点火钥匙置于(　　　),才能操作各种电器设备。

　　A. LOCK　　　　　B. ACC　　　　　C. ON　　　　　D. STA

(3)卡罗拉轿车的电动刮水装置控制开关位置有(　　　)。

　　A. LO　　　　　B. HI　　　　　C. MIST　　　　　D. INT

(4)当仪表板的防盗指示灯点亮时,说明车辆已经进入防盗状态。(　　　)

　　A. 正确　　　　　B. 错误

(5)未来的汽车电子技术将朝智能化、网络化方向发展。(　　　)

　　A. 正确　　　　　B. 错误

2. 维修信息获取练习

通过维修手册,查阅带自动照明控制的卡罗拉轿车照明系统的使用信息。写下控制功能。

3. 学习目标达到程度的自我检查（表1-2）

自 我 检 查 表

表1-2

序　号	学 习 目 标	达成情况（在相应的选项后打"√"）		
		能	不能	如果不能，是什么原因
1	叙述电器系统的发展历程			
2	概括车身电器设备的组成与作用			
3	正确操作各种车身电器设备			
4	为客户提供正确使用车身电器设备的建议			

4. 日常表现性评价（由小组长或者组内成员评价）

（1）工作页填写情况。（　　　）

　　A. 填写完整　　　　　　　　　　　B. 缺失 0～20%

　　C. 缺失 20%～40%　　　　　　　　D. 缺失 40% 以上

（2）工作着装是否规范？（　　　）

　　A. 穿着校服（工作服），佩戴胸卡　　B. 校服或胸卡缺失一项

　　C. 偶尔会既不穿校服又不戴胸卡　　D. 始终未穿校服、佩戴胸卡

（3）能否主动参与工作现场的清洁和整理工作？（　　　）

　　A. 积极主动参与 5S 工作　　　　　　B. 在组长的要求下能参与 5S 工作

　　C. 在组长的要求下能参与 5S 工作，但效果差　D. 不愿意参与 5S 工作

（4）操作汽车举升器或起动发动机时，有无进行安全检查并警示其他同学？（　　　）

　　A. 有安全检查和警示　　　　　　　B. 有安全检查，无警示

　　C. 无安全检查，有警示　　　　　　D. 无安全检查，无警示

（5）是否达到全勤？（　　　）

　　A. 全勤　　　　　　　　　　　　　B. 缺勤 0～20%（有请假）

　　C. 缺勤 0～20%（旷课）　　　　　　D. 缺勤 20% 以上

（6）总体印象评价。（　　　）

　　A. 非常优秀　　　　　　　　　　　B. 比较优秀

　　C. 有待改进　　　　　　　　　　　D. 急需改进

（7）其他建议：

小组长签名：_____　　　　　_____年_____月_____日

5. 教师总体评价

（1）对该同学所在小组整体印象评价。（　　　）

　　A. 组长负责，组内学习气氛好

　　B. 组长能组织组员按要求完成学习任务，个别组员不能达到学习目标

　　C. 组内有 30% 以上的学员不能达到学习目标

　　D. 组内大部分学员不能达到学习目标

（2）对该同学整体印象评价：

_____

_____

_____。

教师签名：_____　　　　　　_____年_____月_____日

学习任务 2　汽车照明系统的检测与维修

学习目标

完成本学习任务后,你应当能:
1. 叙述照明系统的组成、功能与工作过程;
2. 能对汽车照明系统进行基础检查;
3. 识读常规车型照明系统电路,查阅资料,分析照明系统故障的原因;
4. 在教师指导下,制订照明系统的诊断维修计划,并独立或合作完成照明系统的检测与维修;
5. 能借助相关资料,规范拆装照明系统各元件、调整前照灯的光束照射位置。

建议完成本学习任务为 18 学时

内容结构

电路图的阅读原则方法

照明系统电路检修

照明系统的结构组成

汽车照明系统的检测与维修

照明系统元件更换

前照灯的检测与调整

照明系统电路识读

前照灯的对光调整

学习任务描述

请按专业水平对照明系统进行检查,如有必要请维修或更换照明系统的元件、线路,解决照明系统的故障。

汽车照明系统是汽车的重要组成部分,主要用于夜间道路照明、标示车宽度、车内照明、仪表和夜间检修等,其工作的好坏直接决定车辆的行驶安全。

一、学习准备

1. 在检修汽车照明系统之前,需要熟悉汽车照明系统的组成和功能,汽车照明系统包括哪些部件,各部件分别具备什么功能?

汽车照明系统由电源、照明装置、控制部分组成。控制部分包括各种灯光开关和继电器等。

1)照明装置

照明装置包括外部灯、内部灯和工作照明灯。

外部灯包括前照灯、日间行车灯、示廓灯、尾灯、雾灯(前/后)、牌照灯等,如图 2-1 所示;内部灯包括仪表灯、顶灯等,工作照明灯包括行李舱灯等,如图 2-2 所示。

图 2-1　外部灯

参照图 2-1、图 2-2,小组合作,在对应的实训车辆上查找照明装置的各个相应部件。

a) 仪表灯

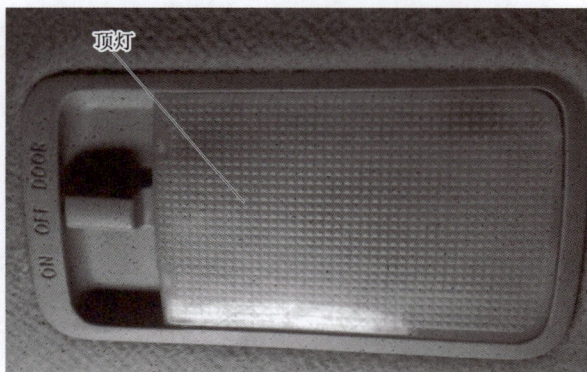

b) 顶灯

图　2-2

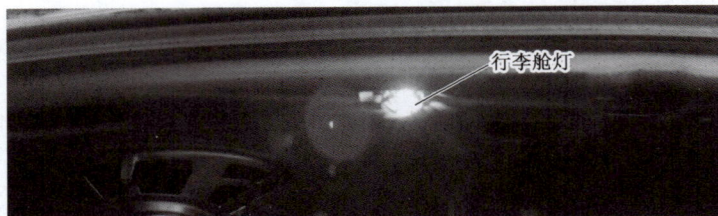

c) 行李舱灯

图 2-2　内部灯和工作照明灯

（1）前照灯。

前照灯由灯泡、反射镜和配光镜组成，主要用于夜间行车时的道路照明，光线颜色为白色。反射镜的作用是将灯泡的光线聚合并导向前方，使前照灯的照明距离达到150m 或更远；配光镜又称散光玻璃，作用是将反射镜反射出的平行光束进行折射，使车前路面和路缘都有良好而均匀的照明。

现代汽车更多采用无配光镜的多反射镜式前照灯。相比于传统的前照灯，由于多反射镜式前照灯以透镜代替配光镜，因此可实现更清晰的照明效果。

现代汽车的前照灯的灯泡主要有卤素灯、氙气放电灯（HID 灯）、LED 灯、激光灯等，如图 2-3 所示。

图 2-3　氙气前照灯（左）、LED 前照灯（中）、激光前照灯（右）照射距离比较

卤素灯的原理是在灯泡内注入碘等卤素气体，让灯泡内的钨丝与卤素进行化学反应，使其寿命比白炽灯更长，同时还具备简单、成本低廉、容易控制、显色性好等优点。

氙气前照灯，在一段时间是中高端汽车常用的车灯形式，原理是灯管内有一颗小玻璃球，其中填充氙气和少量金属汞，用超高压电流刺激发出强光，亮度比卤素前照灯提高300%以上，寿命也比卤素前照灯更长、节能效果更好。但其工作温度较高（300～400℃），对硬件要求高，同时有延迟（电压提升过程，5～15s）。

LED 前照灯，具有工作温度低（50～70℃），具备节能、环保、耐用、体积小以及瞬间点亮等特点，同时在进行矩阵式布置时，还能对照射区域进行控制。但成本较高。

激光前照灯，具有 LED 前照灯大部分的优点，同时更节能、体积更小，符合汽车节能环保的趋势，但制造成本非常高。

近光灯、远光灯的照射位置和照明效果如图 2-4 所示。

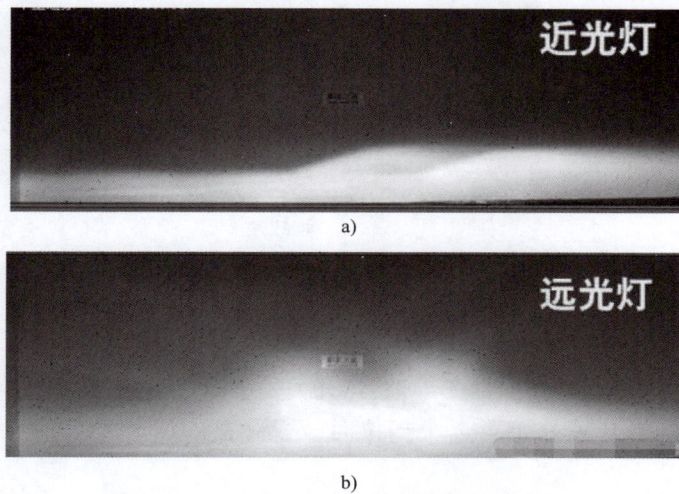

图2-4　近光灯、远光灯的照射位置和照明效果
a) 近光灯照明效果；b) 远光灯照明效果

观察卡罗拉轿车的远光灯和近光灯，是哪一类型的灯泡？单丝还是双丝？

远光灯和近光灯都可用于夜间行车照明，小组讨论，分析它们的使用场合有什么不同。

（2）雾灯。

雾灯的结构（图2-5）与前照灯相近，包括前雾灯和后雾灯。前雾灯的安装高度较低，多安装在车外保险杠装饰件上，一般没有遮光罩结构，颜色为黄色，亮度高穿透性强；后雾灯一般安装在后部组合灯组中，颜色为红色，亮度高穿透性强。

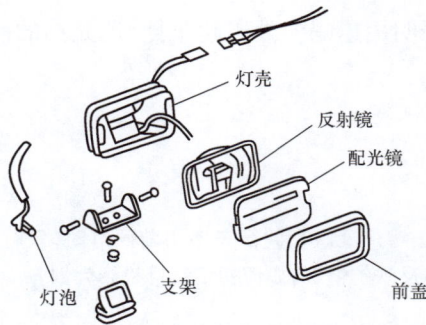

图2-5　雾灯

雾灯有什么特点？功率比近光灯高还是低？汽车驾驶人在什么场合下要使用雾灯？

（3）牌照灯。

牌照灯的结构如图2-6所示，保证车辆在夜间行驶时后方车辆驾驶人能看清牌照上的文字、数字。

21

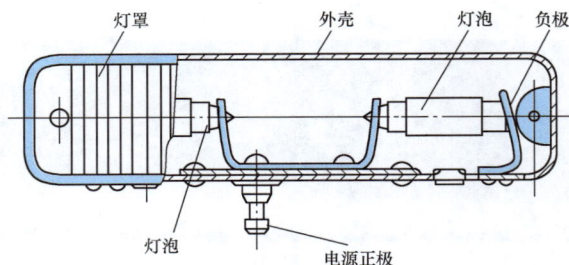

图 2-6　牌照灯

2）组合开关

组合开关的灯光控制多为旋转式开关，如图 2-7a）所示。普通灯光控制开关有 3 个挡位：当开关处于"OFF"位置时，照明电路不导通；当开关处于第 1 个挡位时，示廓灯、_____点亮；当开关处于第 2 个挡位时，示廓灯、_____、_____点亮。

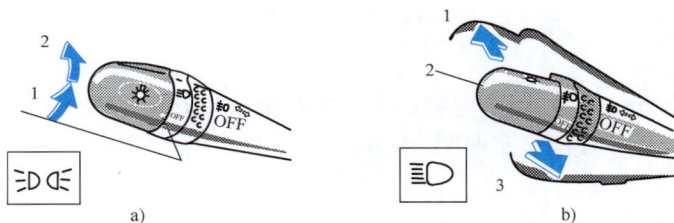

图 2-7　灯光控制开关和变光控制开关

组合开关的变光控制为手柄开关，如图 2-7b）所示。变光控制开关有"远光""近光""超车"3 个挡位。

当灯光控制开关处于第一个挡位时，前照灯点亮吗？

处于超车挡的前照灯是用于照明用途吗？处于超车挡、远光挡的前照灯的工作情况有什么不同？

二、计划与实施

2. 一辆卡罗拉轿车进厂修理。据客户反映夜间行车使用前照灯时，只有近光灯亮，变光至远光灯时，远光灯不亮、闪光灯也不亮。针对客户反映的情况，如何初步制订检修计划？

在实际检修过程中，专业人员首先应根据客户的反映情况进行试车，再根据车辆出现的故障，有针对性地制订进一步的检修计划。小组合作，在待修车辆上验证故障并记录在表 2-1。

车辆故障记录表　　　　　　　　　　　　　　表 2-1

车辆型号（VIN）	
发动机型号	
外观目检（整车）	
客户投诉	近光灯亮，远光灯不亮
故障现象记录	

3. 在确认车辆的电器故障后,要通过分析电路图才能初步判断故障的可能部位,这就涉及电路图的阅读。汽车电路图有哪些类型,各自的特点是什么?

汽车电路图如图2-8、图2-9所示。

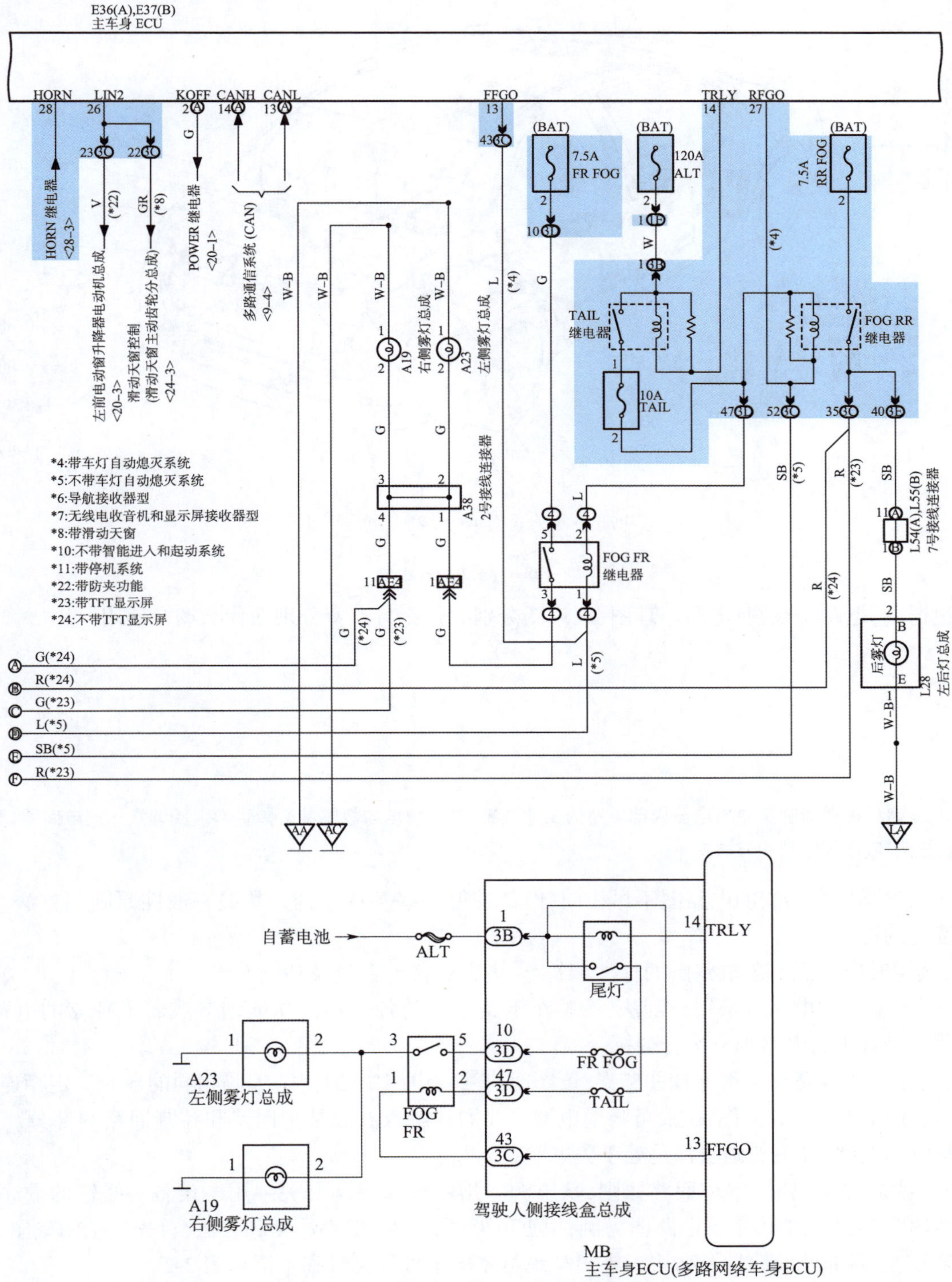

图2-8 汽车电路原理图(卡罗拉轿车雾灯电路)

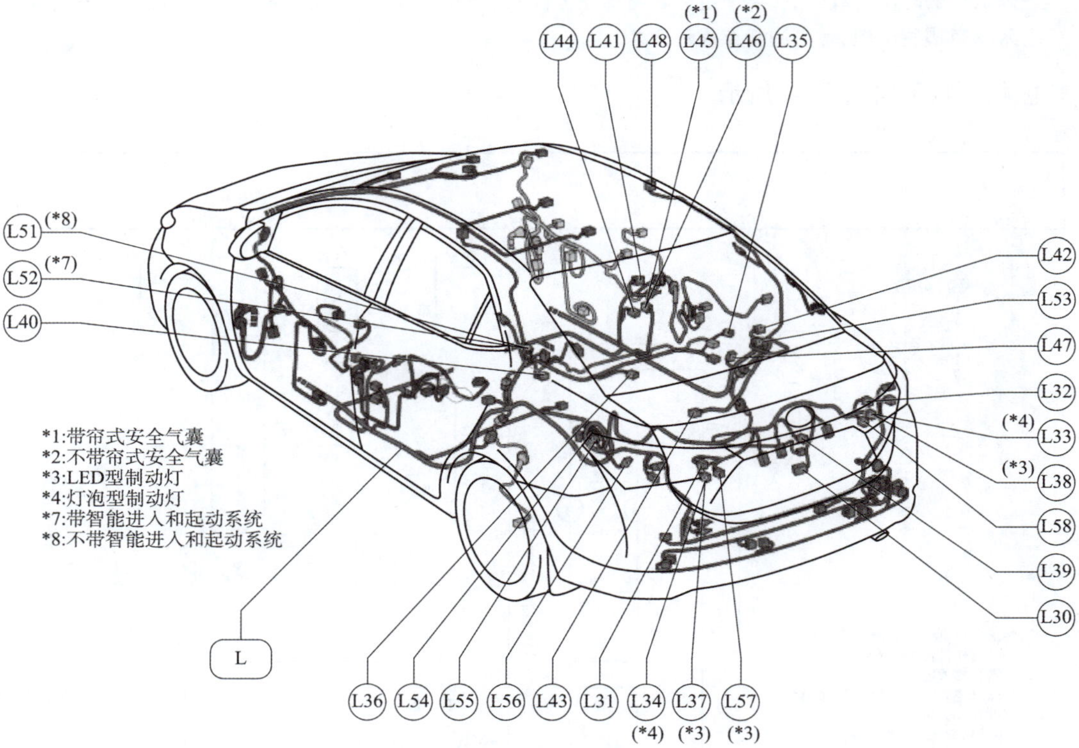

*1:带帘式安全气囊
*2:不带帘式安全气囊
*3:LED型制动灯
*4:灯泡型制动灯
*7:带智能进入和起动系统
*8:不带智能进入和起动系统

图2-9　汽车电路线束图

小组讨论:电路布线图、电路原理图、线束图分别有什么特点？分别在什么场合使用？

4.电路原理图能够反映出电器内部电路的工作关系,是分析电器故障的必需资料。阅读汽车的电路原理图有哪些一般性的原则和方法？

不同的汽车厂家绘制的电路图不尽相同,但都遵循一些基本原则。掌握一般性原则和方法,会极大地降低读图的难度。

（1）读图时应注意明确电路图的标注和符号、电器部件的数量及功用。

（2）对于复杂的电路可采用分割法,按整车电路系统的各个不同功能划分成若干独立的电路系统,根据需要选择有用的电路部分进行分析。

（3）为了防止线路交叉引起读图错误,读图时应注意电路中的标注,编码相同的导线一定相连。

（4）要了解继电器的工作状态,可将继电器的线圈和触点看成是主回路和控制回路两部分。电路图中所有继电器线圈、开关的画法都是处于失电状态。

（5）寻找局部电路时,牢记回路原则,从电源→熔断丝→控制开关→用电设备→搭铁的顺序进行。

以阅读图2-10的丰田车系电路图为例,根据电路阅读的一般性原则和方法,首先必须明确图2-10的标注和符号、电器部件的数量及功用。丰田车系电路图中各种符号和术语见表2-2。

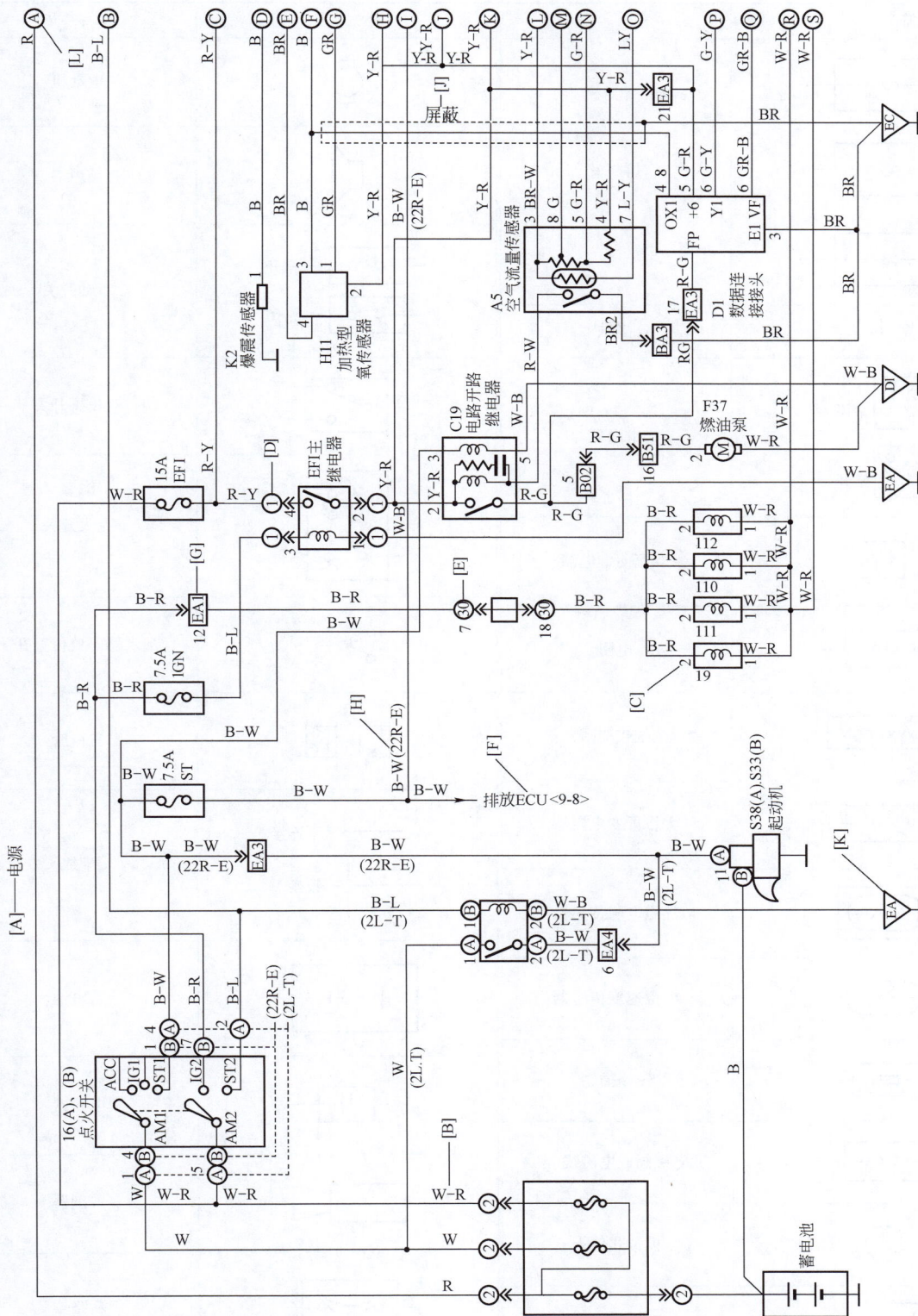

图2-10　丰田车系电路图

丰田车系电路图中各种符号和术语 表 2-2

符 号	术 语	符 号	术 语
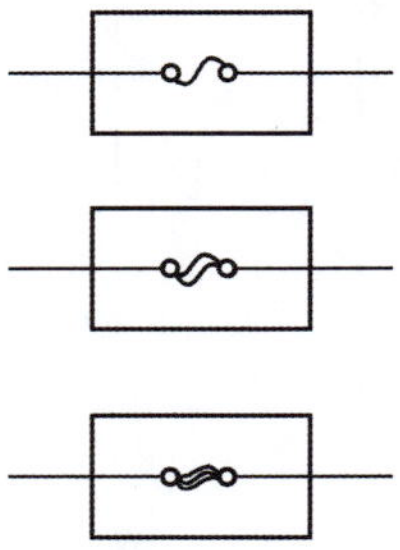	熔断丝	 (M)	电动机
			扬声器
⊥	搭铁	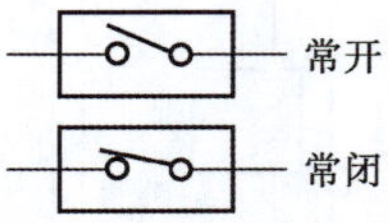 常开 / 常闭	手动开关
常闭 / 常开	继电器		双投掷开关
	双流向继电器		点火开关
	电阻		刮水器停放位置开关
	按键式变阻器		三极管
	无级可变电阻器	不连接 / 铰接	配线
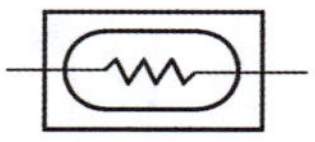	热敏电阻传感器	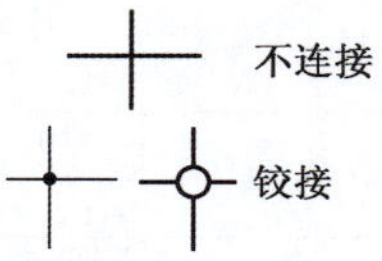	
	模拟速度传感器	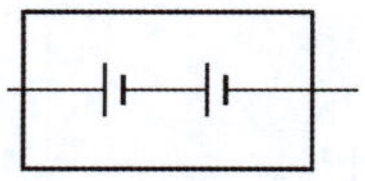	蓄电池
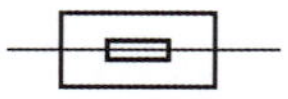	短路插销	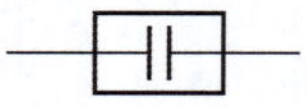	电容器
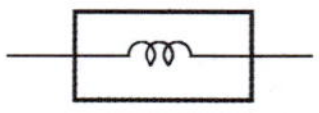	电磁阀或电磁线圈	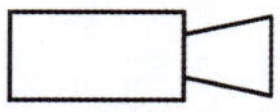	点烟器
	模拟式仪表		
 FUEL	数字式仪表		断路器

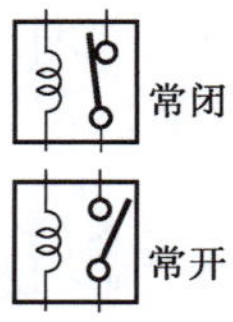

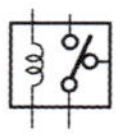

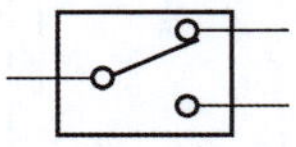

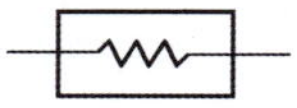

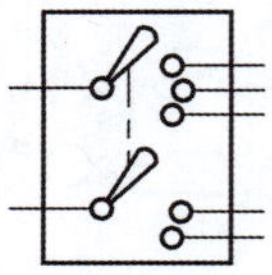

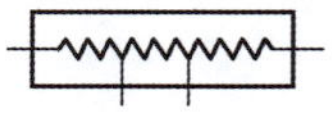

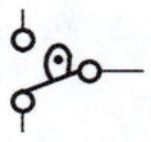

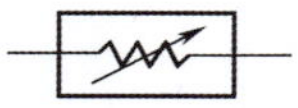

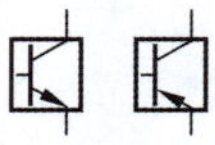

符　号	术　语	符　号	术　语
─◄─	二极管	喇叭符号	喇叭
─◄─	稳压二极管	点火线圈符号	点火线圈
分电器符号	分电器、集成点火装置		
单灯丝 前照灯符号	前照灯	小灯符号	小灯
双灯丝 前照灯符号		发光二极管符号	发光二极管

图 2-10 的丰田车系电路图中的各个标记的含义如下:

[A]表示系统的标题及标记,根据电路图功能独立的原则,不同功能的各个电路系统应单独绘制电路图。图 2-10 所示的是_____电路。

[B]表示电路中的配线颜色。B 表示_____,BR 表示_____,W 表示_____,B－O 表示_____。
A.黑色　　　　B.白色　　　　C.黑色底、橙色条纹　　　　D.棕色

[C]表示连接器(图 2-11)的引脚编号。插座(阴插件)与插头(阳插件)的编号方法不同,其中插座的编号顺序为从左到右、从上到下,插头的编号顺序为_____,如图 2-12 所示。

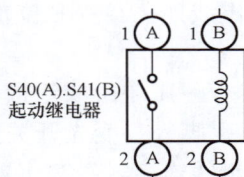

图 2-11　元件连接器

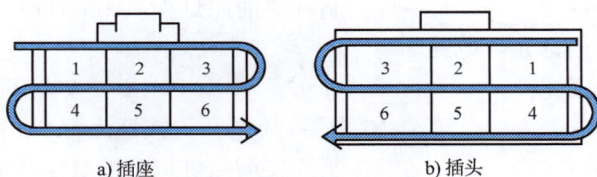

a) 插座　　　　　　b) 插头

图 2-12　连接器的编号规则

[D]表示继电器盒,圈内数字表示继电器盒号码,如 1 表示1 号继电器盒。

图 2-10 中显示的 EFI MAIN 继电器是常开型的还是常闭型的?

[E]表示接线盒(圈内数字表示接线盒号,圈旁的数字表示引脚编号)如图 2-13 所示。3C 表示连接器位于 3 号接线盒内 C 位置,7、15 表示该连接器的引脚。

[F]表示相互关联的系统。图 2-10 所示为该导线需连接到其他的电路系统中。

[G]表示线束和线束线连接用的连接器。带插头的线束用箭头(∨)表示,外侧号码是端子号。

[H](　　)用来表示因车型、发动机类型或规格的不同而不同的导线和连接器。图 2-10 所示为 22R－E 发动机才有这根导线。

[I]表示屏蔽的电气配线,如图2-14所示。

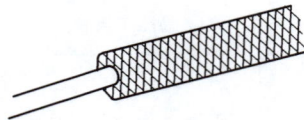

15 ③C

3C表示位于
3号接线盒内C位置

7 ③C

图2-13　接线盒　　　　　　　　图2-14　屏蔽线

[J]表示搭铁位置。

[K]相同的代码出现在下一页,表示线束是连续的。

5. 运用电路原理图的阅读原则和方法,分析卡罗拉轿车前照灯的电路图,归纳近光灯亮、远光灯不亮这一故障的可能发生部位并检测。

1)卡罗拉轿车前照灯电路分析

图2-15所示为卡罗拉轿车前照灯的电路图,请分析其工作过程。

在前照灯的电路图中,包含的元件有:蓄电池、前照灯熔断丝、点火开关、_____、多个中继线连接器、继电器盒、前照灯总成、_____等电器元件。

(1)左前远光灯电路。

蓄电池正极→_____→1 ①A→HEAD LH 15A 熔断丝→_____→J22 中继线连接器→左前远光灯 H11→_____→10 ②F→变光开关接通远光挡(HIGH),由 HU 引脚入→变光开关远光挡的 ED 引脚出→_____→灯控制开关前照灯挡(HEAD)EL 引脚出→J2 中继线连接器→IE 位置搭铁。

(2)右前远光灯电路。

蓄电池正极→_____→1 ①A→HEAD RH 15A 熔断丝→_____→J1 中继线连接器→右前远光灯 H13→_____→10 ②F→变光开关接通远光挡(HIGH),由 HU 引脚入→变光开关远光挡的 ED 引脚出→_____→灯控制开关前照灯挡(HEAD)EL 引脚出→J2 中继线连接器→IE 位置搭铁。

(3)仪表板远光指示灯电路。

蓄电池正极→_____→1 ①A→DOME 15A 熔断丝→_____→4 ②H→_____→J34 中继线连接器 A 引脚→J35 中继线连接器 B 引脚→J32 中继线连接器→仪表板远光指示灯→_____→10 ②F→变光开关接通远光挡(HIGH),由 HU 引脚入→变光开关远光挡的 ED 引脚出→_____→灯控制开关前照灯挡(HEAD)EL 引脚出→J2 中继线连接器→IE 位置搭铁。

(4)左前近光灯电路。

蓄电池正极→_____→1 ①A→HEAD LH 15A 熔断丝→_____→J22 中继线连接器→左前近光灯 H12→_____→4 ②F→变光开关接通近光挡(LOW),由 HL 引脚入→变光开关近光挡的 ED 引脚出→_____→灯控制开关前照灯挡(HEAD)EL 引脚出→J2 中继线连接器→IE 位置搭铁。

(5)右前近光灯电路。

蓄电池正极→_____→1 ①A→HEAD RH 15A 熔断丝→_____→J1 中继线连接器→右前近光灯 H14→_____→4 ②F→变光开关接通近光挡(LOW),由 HL 引脚入→变光开关近光挡的 ED 引脚出→_____→灯控制开关前照灯挡(HEAD)EL 引脚出→J2 中继线连接器→IE 位置搭铁。

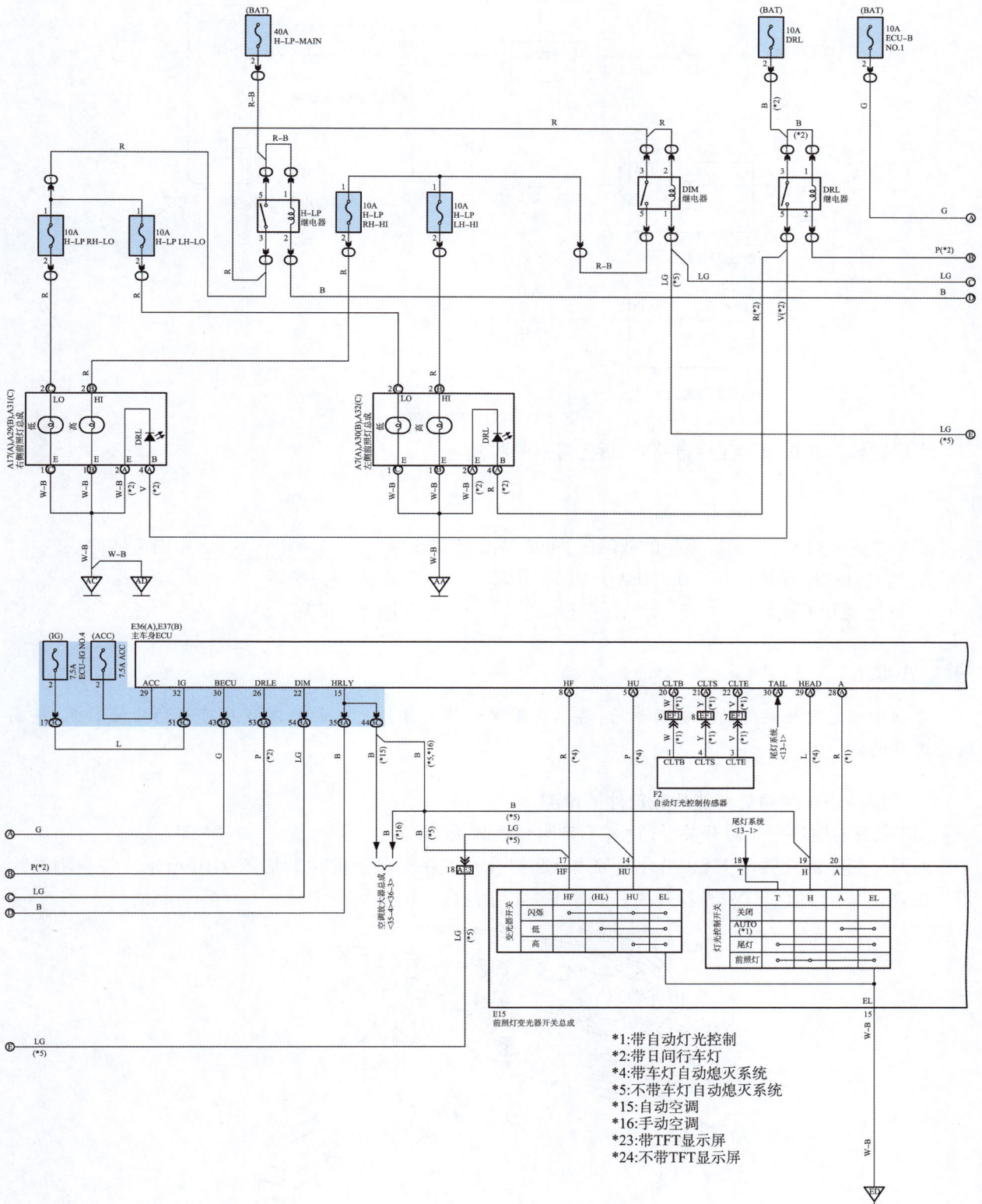

(BAT) 40A H-LP-MAIN

(BAT) 10A DRL

(BAT) 10A ECU-B NO.1

R-B

R

R

B(*2)

G

R-B

R

R

DIM 继电器

DRL 继电器

10A H-LP RH-LO

10A H-LP LH-LO

H-LP 继电器

10A H-LP RH-HI

10A H-LP LH-HI

R

R-B

LG (*5)

LG

R(*2) V(*2)

P(*2)

LG

B

B

LG (*5)

A17(A),A29(B),A31(C) 右侧前照灯总成

LO HI DRL
低 高

E E A B
W-B W-B W-B V (*2)

W-B W-B

A7(A),A30(B),A32(C) 左侧前照灯总成

LO HI DRL
低 高

E E A B
W-B W-B W-B R (*2)

W-B

E36(A),E37(B) 主车身ECU

(IG) 7.5A ECU-IG NO.4

(ACC) 7.5A ACC

ACC 29 | IG 32 | BECU 30 | DRLE 26 | DIM 22 | HRLY 15 | | HF 8 | HU 5 | CLTB 20 | CLTS 21 | CLTE 7 | TAIL 30 | HEAD 29 | A 28

17 | 51 | 43 | 53 | 54 | 35 | 44
L | G | P(*2) | LG | B | B(*15) | B(*5,16)

9 | 8 | 7
W | Y | V

W | Y | V
CLTB | CLTS | CLTE

F2 自动灯光控制传感器

A G
B P(*2)
C LG
D B

B (*16)
B (*5)
LG (*5)

R (*4)
P (*4)

B (*5)
LG (*5)

尾灯系统 <13-1>

L (*4)
R (*1)

18 A13

17 | 14 | 18 | 19 | 20
HF | HU | T | H | A

空调放大器总成 <35-4-36-3>

LG (*5)

变光器开关	HF	(HL)	HU	EL
闪烁				
低				
高				

灯光控制开关	T	H	A	EL
关闭				
AUTO(*1)				
尾灯				
前照灯				

E15 前照灯变光器开关总成

EL
15
W-B

W-B

*1:带自动灯光控制
*2:带日间行车灯
*4:带车灯自动熄灭系统
*5:不带车灯自动熄灭系统
*15:自动空调
*16:手动空调
*23:带TFT显示屏
*24:不带TFT显示屏

P LG (*5)

图　2-15

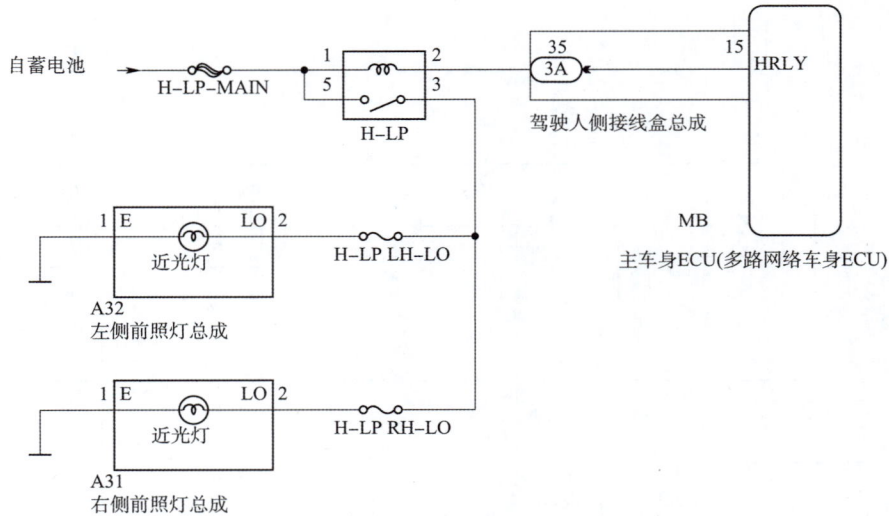

图 2-15　前照灯电路图

卡罗拉轿车在接通远光灯电路时,近光灯点亮吗?

当出现近光灯亮,远光灯不亮的故障时,可能是由于以下_____原因造成的。

A. 远光灯线路损坏　　　　B. HEAD 熔断丝损坏　　　　C. 点火开关损坏

D. 灯控制开关损坏　　　　E. 变光开关损坏　　　　　　F. 远光灯故障

小提示

在初步确定发生故障的可能因素后,遵循从简单元件到复杂元件的检测程序可节约检修时间,提高检修工作的效率。

2)卡罗拉轿车前照灯可能故障部件的检测

(1)检查前照灯变光器开关导通性(不带照明控制系统)。

前照灯变光器开关位于 C8 组合开关内,C8 组合开关在车辆上的位置如图 2-16 所示。将检测结论记录在表 2-3 中。前照灯采光器开关总成如图 2-17 所示。

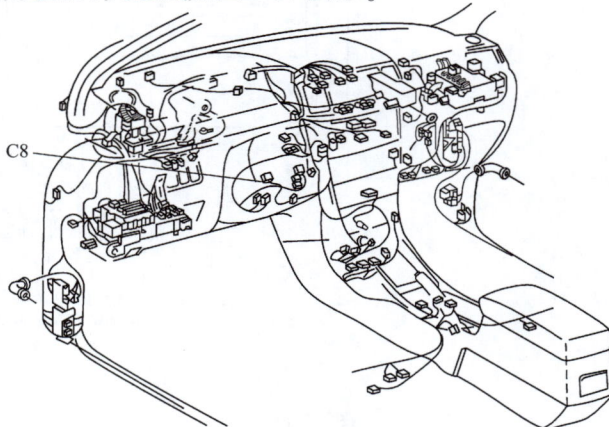

图 2-16　C8 组合开关位置

检查前照灯变光器开关导通性　　　　　　　　　表2-3

测试仪连接	开关操作	规 定 电 阻	检 测 值
8－11 9－11	闪烁	<1Ω	
8－11	近光	<1Ω	
8－11 9－11	远光	<1Ω	

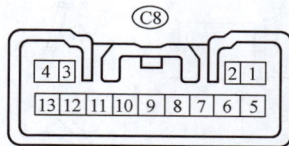

图 2-17　前照灯(不带照明控制系统)变光器开关总成

小提示

通电状态下的线路测量只能使用万用表的直流电压挡,禁止使用电阻挡测量线路的导通情况。

如检查值不符合要求,说明前照灯变光器开关已经损坏。请你根据检测结论,判断前照灯变光器开关是否需要更换。

小提示

引发故障的因素可能不止一个,所以建议检测完所有可能发生故障的部件后,才进行维修或更换损坏零部件。

(2)检查前照灯远光灯泡。

拆卸前照灯远光灯泡,如图 2-18 所示。观察灯丝有无烧断等,还可使用万用表测量灯丝的导通性。

请你根据检测结论,判断前照灯远光灯是否需要更换。

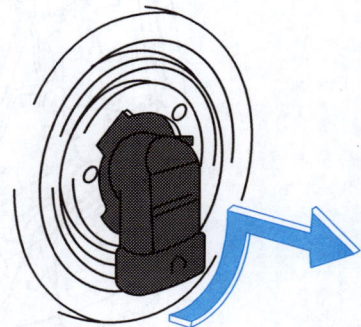

图 2-18　拆卸前照灯远光灯泡

（3）检查远光灯线路（不带照明控制系统）。

由于该故障是只有远光灯不亮，所以只需检测与近光灯不同的线路部位。可以使用万用表或测试灯检测线路。以无源测试灯的使用为例，将无源测试灯的夹子夹在搭铁位置，当测试灯的探针接触到有电压的位置时，测试灯就会点亮，其工作原理如图2-19所示。

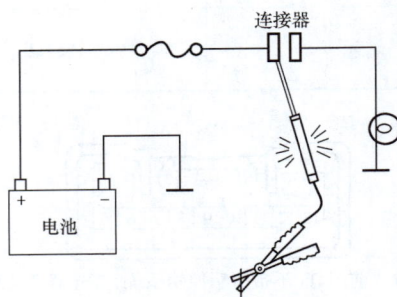

图2-19　测试灯的工作原理

小提示

测试灯不能用来测量稳态电子线路的电源和高灵敏度电路（这些电路只能用内阻大于20MΩ的仪表测量）。

① 检查J22、J1、J32中继线连接器。将万用表分别连接中继线连接器J22的A引脚、J1的C引脚、J32的E引脚和车身搭铁。J22、J1中继线连接器的位置如图2-20所示。J32中继线连接器的位置如图2-21所示。J1、J22、J32中继线连接器如图2-22所示。将检测结论记录在表2-4中。

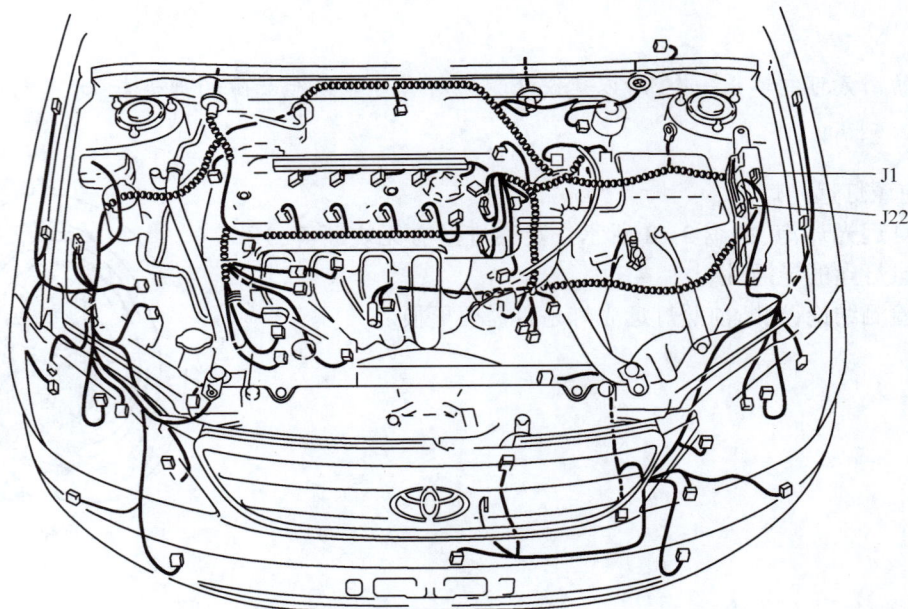

图2-20　J22、J1中继线连接器的位置

图 2-21　J32 中继线连接器的位置

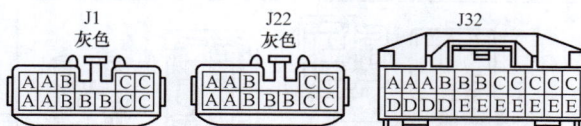

图 2-22　J1、J22、J32 中继线连接器

检查 J22、J1、J32 中继线连接器　　　　　　　　　　　　表 2-4

连接位置	J22 中继线连接器	J1 中继线连接器	J32 中继线连接器
测试值			

根据测试值，判断 J22、J1、J32 中继线连接器是否工作正常。

② 检查 2H、2F 和 2N 连接器。根据丰田车系的标注，2H、2F、2N 中数字表示＿＿＿号接线盒，字母 H、F 表示该连接器在接线盒中的位置，即 2H、2F、2N 表示仪表板接线盒内的 H、F、N 位置的连接器。具体位置如图 2-23～图 2-25 所示。

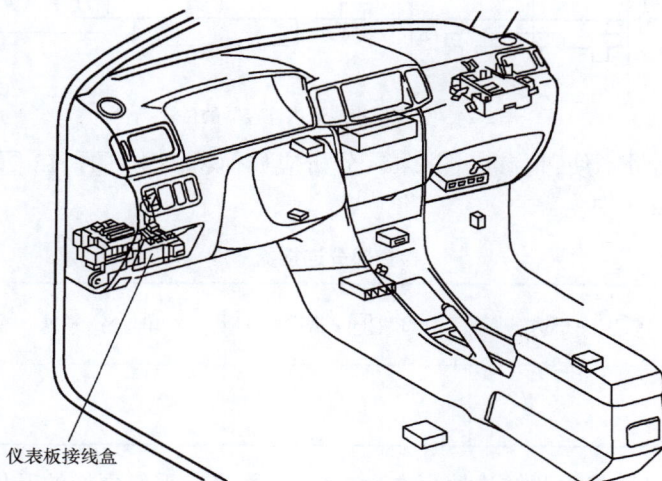

仪表板接线盒

图 2-23　仪表板接线盒的位置

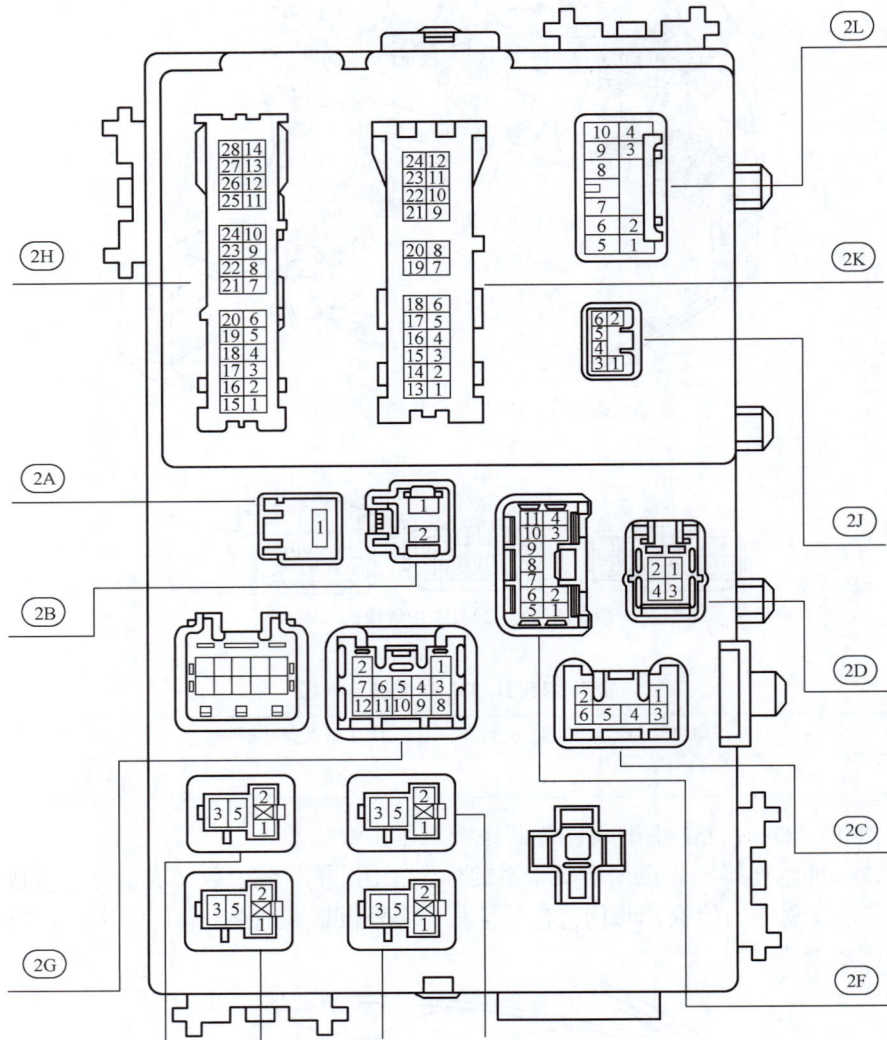

图2-24　仪表板接线盒内连接器的位置

由于仪表板接线盒测量不便，请参考图2-15，分析应如何检测14 2H、12 2H、10 2N、10 2F的导通性，将检测结论记录在表2-5中。

检查部分连接器　　　　　　　　　　　　　　　　　　　　　　　表2-5

连接位置	14 2H – 搭铁	12 2H – 搭铁	10 2N – 搭铁	10 2F – 搭铁
测试值				

完成电路和元件检测后，将检测结论填写在表2-6中，并确定需要更换的元件。

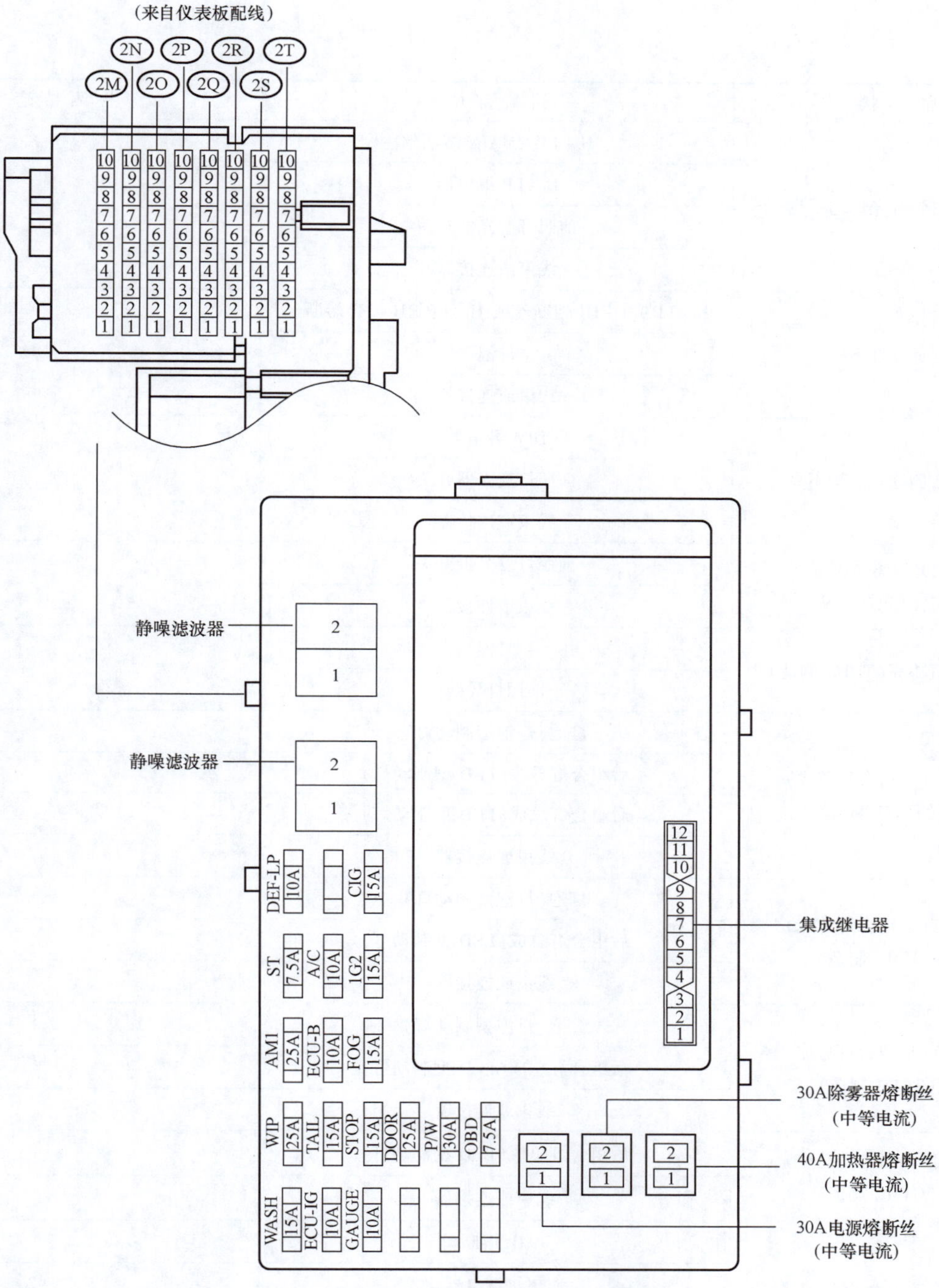

图 2-25　仪表板接线盒内连接器的位置

卡罗拉轿车前照灯远光不亮故障诊断表　　　　　　表 2-6

症　状	可 疑 部 位	检 测 结 论
一侧近光灯不亮	H－LP LH－LO 熔断丝或 H－LP RH－LO 熔断丝	
	灯泡	
	线束或连接器	

续上表

症　状	可 疑 部 位	检 测 结 论
左侧和右侧近光灯均不亮	H－LP－MAIN 熔断丝	
	H－LP 继电器	
	前照灯变光器开关	
	线束或连接器	
一侧远光灯不亮	H－LP LH－HI 熔断丝或 H－LP RH－HI 熔断丝	
	灯泡	
	线束或连接器	
左侧和右侧远光灯均不亮	DIM 继电器	
	前照灯变光器开关	
	线束或连接器	
"远光闪光"（超车功能）不工作（远光灯正常）	前照灯变光器开关	
	线束或连接器	
一个示廓灯不亮（TFTM 制造）	灯泡	
	前照灯导线	
一个尾灯（后组合灯总成）不亮（TFTM 制造）	灯泡（灯泡型制动灯）	
	后组合灯导线（LED 型制动灯）	
	后组合灯总成（LED 型制动灯）	
	线束或连接器	
一个尾灯（后组合灯总成）不亮（GTMC 制造）	灯泡（灯泡型制动灯）	
	后组合灯总成（LED 型制动灯）	
	线束或连接器	
一个尾灯（后组合灯总成）不亮（TFTM 制造）	灯泡（灯泡型制动灯）	
	后组合灯总成（LED 型制动灯）	
	线束或连接器	
一个尾灯（后组合灯总成）不亮（GTMC 制造）	后组合灯总成（LED 型制动灯）	
	线束或连接器	
所有车灯（尾灯、示廓灯和牌照灯）均不亮	TAIL 熔断丝	
	尾灯继电器	
	前照灯变光器开关	
	驾驶人侧接线盒总成	

6. 完成电路和元件检测后，需要更换故障元件。在教师指导下，查阅相关资料，按专业要求独立或合作完成故障元件的更换计划。

在更换故障元件时，宜遵循从易至难的原则逐一更换故障元件。

1）更换前照灯变光器开关总成

以下为维修手册提供的更换前照灯变光器开关总成的步骤：

（1）拆下转向柱盖。

（2）拆下前照灯变光器开关总成，如图2-26所示。

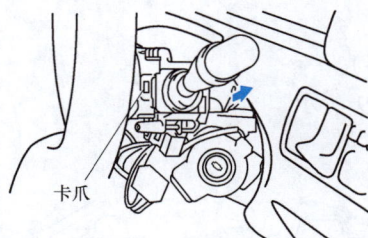

卡爪

图2-26　拆卸前照灯变光器开关总成

（3）安装新的前照灯变光器开关总成。

参照上述步骤，你能否独立或小组合作完成前照灯变光器开关总成的更换？如不能完成，请描述你在维修工作中的困难。

2）更换前照灯远光灯泡

小提示

以下所列步骤适合左侧灯泡的更换，左右两侧采用相同的步骤。安装步骤和拆卸步骤相反。遇有拆卸与安装步骤不同时会特别指明。

（1）拆下散热器格栅。

（2）拆下左前翼子板内衬板，如图2-27所示。

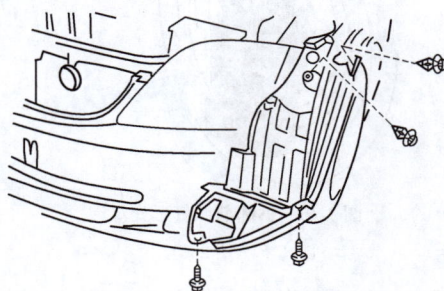

图2-27　拆下左前翼子板内护板

① 用卡子拆卸器拆下2个卡子。

② 拆下螺钉和左前翼子板内护板的一部分。

小提示

在前保险杠装饰件能被拆卸的范围内，拆下螺钉、卡子和左前翼子板内护板。

（3）拆下右前翼子板内衬板。

（4）拆下前保险杠装饰件，如图 2-28 所示。

① 拆下 2 个螺钉和 3 个卡子。

② 拆下挂钩和前保险杠装饰件。

③ 断开雾灯连接器（带雾灯）

④ 断开传感器连接器（带传感器）。

（5）拆下左前照灯总成，如图 2-29 所示。

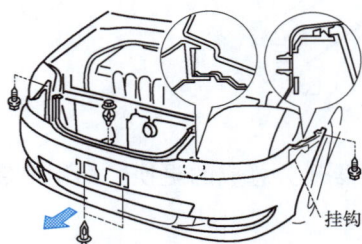

图 2-28　拆下前保险杠装饰件

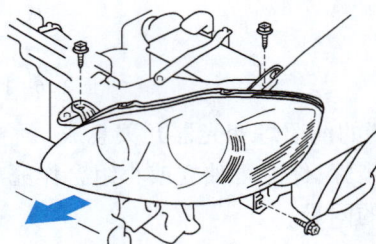

图 2-29　拆卸左前照灯总成

小提示

更换照明系统的灯泡时，切勿用手指触及灯泡玻璃壳部分。受皮肤油脂污染过的玻璃壳，会大大缩短其寿命。拿灯泡时只应拿基座。

（6）拆下前照灯远光灯泡，如图 2-30 所示。

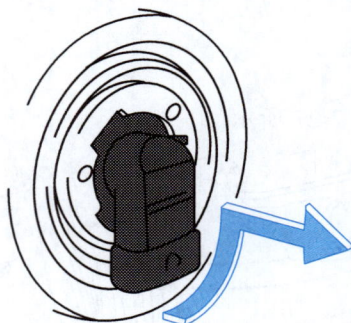

图 2-30　拆卸前照灯远光灯泡

3）更换远光灯线路

通常线路发生故障的概率较低，如确定远光灯线路存在故障，也应遵循由易至难的原则，先更换熔断丝、继电器等，最后才更换线束。

小提示

更换损坏的线路、熔断丝时，必须使用相同规格的导线、熔断丝，最好能更换与原线路相同颜色的导线。

7. 卡罗拉轿车前照灯的其他常见故障可参考表 2-7 的照明系统故障症状表，小组合作分析讨论照明系统故障症状表并回答相应问题。

卡罗拉轿车前照灯和尾灯系统故障症状表　　　　　　　　　　　　　　　表 2-7

症 状	可 疑 部 位
一个近光灯不亮	H – LP LH – LO 熔断丝或 H – LP RH – LO 熔断丝
	灯泡
	线束或连接器
左侧和右侧近光灯均不亮	H – LP – MAIN 熔断丝
	H – LP 继电器
	前照灯变光器开关
	线束或连接器
一个远光灯不亮	H – LP LH – HI 熔断丝或 H – LP RH – HI 熔断丝
	灯泡
	线束或连接器
左侧和右侧远光灯均不亮	DIM 继电器
	前照灯变光器开关
	线束或连接器
"远光闪光"(超车功能)不工作(远光灯正常)	前照灯变光器开关
	线束或连接器
一个示廓灯不亮(TFTM 制造)	灯泡
	前照灯导线
一个尾灯(后组合灯总成)不亮(TFTM 制造)	灯泡(灯泡型制动灯)
	后组合灯导线(LED 型制动灯)
	后组合灯总成(LED 型制动灯)
	线束或连接器
一个尾灯(后组合灯总成)不亮(GTMC 制造)	灯泡(灯泡型制动灯)
	后组合灯总成(LED 型制动灯)
	线束或连接器
一个尾灯(后组合灯总成)不亮(TFTM 制造)	灯泡(灯泡型制动灯)
	后组合灯总成(LED 型制动灯)
	线束或连接器
一个尾灯(后组合灯总成)不亮(GTMC 制造)	后组合灯总成(LED 型制动灯)
	线束或连接器
所有车灯(尾灯、示廓灯和牌照灯)均不亮	TAIL 熔断丝
	尾灯继电器
	前照灯变光器开关
	驾驶人侧接线盒总成

（1）如果故障现象为"单侧远光灯不亮"时，为什么只需检查灯泡、线束，而无须检查前照灯变光器开关，参照卡罗拉轿车前照灯电路图加以说明。

（2）观察卡罗拉轿车前照灯和尾灯系统故障症状表有什么特点，请加以说明。

8. 在部分情况下，当完成了前照灯系统的检修后，还需要对前照灯进行对光调整。前照灯的对光调整有哪些项目，怎样实现对前照灯的对光调整？

前照灯应保证车前有明亮而均匀的照明，使驾驶人能看清车前150m范围内路面上的障碍物。如果前照灯光束调整不当，如光束照射位置偏移、灯光亮度不够等，会对夜间行车安全产生重大影响。国家标准对汽车前照灯的发光强度和光束照射位置作了具体规定（表2-8），并将其列为汽车安全性能的必检项目。

前照灯远光光束发光强度要求（单位：cd）   表2-8

车辆类型	新注册车			在用车		
	一灯制	两灯制	四灯制	一灯制	两灯制	四灯制
汽车、无轨电车	—	15000	12000	—	12000	10000
四轮农用运输车	—	10000	8000	—	8000	6000
三轮农用运输车	8000	6000	—	6000	5000	—

1）前照灯发光强度

小词典

发光强度：是指光源在给定方向上所能发出的光线强度，单位是坎德拉（cd）。

为什么只对前照灯远光光束发光强度做出具体要求？请结合前照灯的具体使用加以说明。

2）前照灯光束照射位置

（1）机动车（除运输用拖拉机）的前照灯在距离屏幕10m处，光束明暗截止线转角（ECE配光）或中心的高度应为$0.6H \sim 0.8H$（H为前照灯基准中心的高度）；在水平方向上，向左偏或向右偏均不能超过100mm，如图2-31所示。

（2）四灯制前照灯其远光单光束灯的调整要求在屏幕上光束中心离地高度应为$0.85H \sim 0.90H$，水平位置要求左前照灯向左偏不得大于100mm,向右偏不得大于170mm;右前照灯向右向左偏均不得大于170mm。

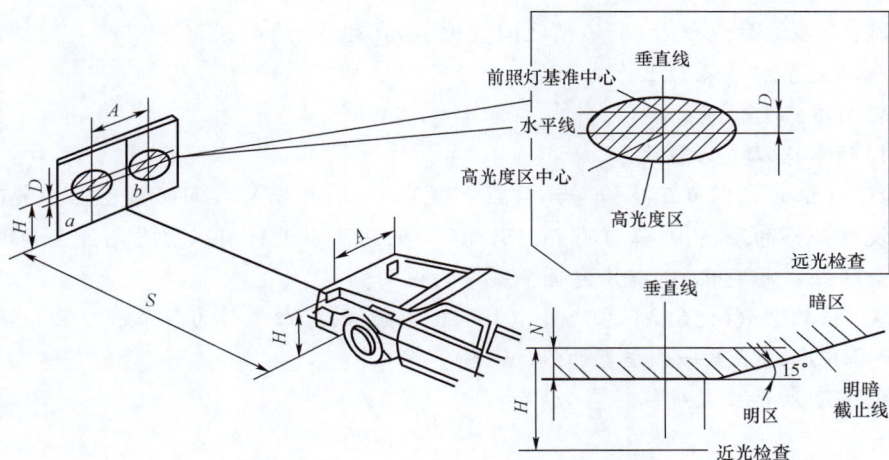

图2-31　前照灯灯光检查

(3)机动车装备远光和近光双光束灯时以调整近光光束为主。对于只能调整远光单光束的灯,调整远光单光束。

3)前照灯对光调整

前照灯的对光调整即检查前照灯的发光强度和光束照射位置。可采用屏幕法检查前照灯的光束位置,但此法无法检查前照灯的发光强度。目前,汽车维修企业广泛采用各种前照灯检测仪检测前照灯的发光强度和光束照射位置。

在调整或校准前照灯光束之前,应该先进行以下检查,以保证调整正确:

(1)清除轮胎上的石子、泥浆,清洁轮胎。

(2)确保油箱是半满状态。

(3)检查弹簧和减振器。如果弹簧和减振器受损,会影响调整结果。

学习拓展

卡罗拉轿车前照灯的屏幕调整法请查阅相应的维修手册。

1)前照灯对光调节的车辆准备工作

(1)确认前照灯周围的车身没有损坏或变形。

(2)加注燃油。

(3)确保油液加注到规定液位。

(4)确保发动机冷却液加注到规定液位。

(5)将轮胎充气至适当压力。

(6)将行李舱和车辆卸载,确保备胎、工具和千斤顶在原来的位置。

(7)让一个体重一般(75kg,165lb)的人坐在驾驶人座椅上。

(8)带手动前照灯水平控制系统的车辆应调节至"0"。

2)前照灯对光的准备工作

(1)准备车辆

①将车辆放置在足够黑暗的环境中,以便清晰观察明暗截止线。明暗截止线是一条分界线,

在其下面可以观察到前照灯的灯光,而在其上面则观察不到。

②将车辆与墙壁呈90°角停放。

③在车辆(前照灯灯泡中心)和墙壁之间空出10m(32.8ft.)的距离。

④确保车辆处于水平表面上。

⑤将前轮对准正前位置。

⑥上下弹动车辆以使悬架就位。

备注:为了保证对光调节正确,车辆(前照灯灯泡中心)与墙壁之间必须空出10m(32.8ft.)的距离。如果没有足够的距离,应保证有3m(9.84ft.)的距离以进行前照灯对光检查和调节。(目标区域的大小会随距离而变化,所以请遵循插图中的说明。)

(2)准备一张约2m(6.56ft)(高)×4m(13.1ft)(宽)的厚白纸作为屏幕。

(3)沿屏幕中心向下画一条垂直的线(V线)。

(4)如图2-32所示放置屏幕。

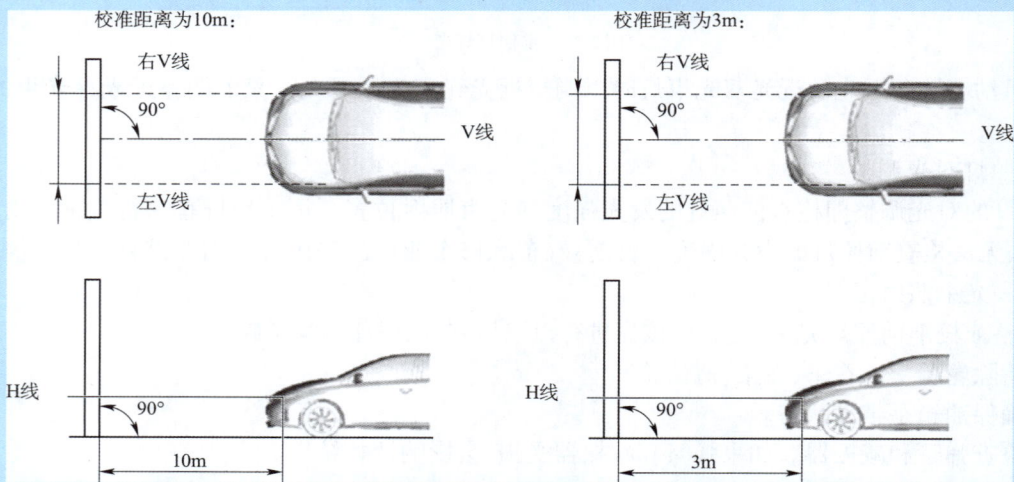

图2-32　屏幕位置

不同形式的前照灯检测仪使用方法差别很大,应按照仪器使用说明书的规定仔细操作。

以集光式测试仪(图2-33)调整前照灯光束为例:

(1)测试仪垂直放置,汽车和测试仪的相对位置应保证检验仪聚光凸透镜与前照灯配光镜之间的距离为1m。

(2)调整测试仪,使对正校准器对准被测汽车的纵向中心线,即对中。

(3)利用前照灯对正校准器,通过上下、左右调整测试仪,使前照灯中心与测试仪聚光凸透镜中心对中,然后将测试仪固定在支柱上。

(4)接通前照灯,将光度光轴开关转到光轴位置上。左右、上下偏移指示计。转动左右、上下调整旋钮,将左右、上下偏移指示计的指针指示中央位置。

(5)将光度光轴开关转到光度位置上,读取此时光度计的指示值和左右、上下调整旋钮转动时的刻度值,即测出了发光强度和光轴的左右、上下偏移量。

(6)调节前照灯的左右、上下调节螺钉,使测试仪调整旋钮的刻度恢复到零,即完成调整工作。

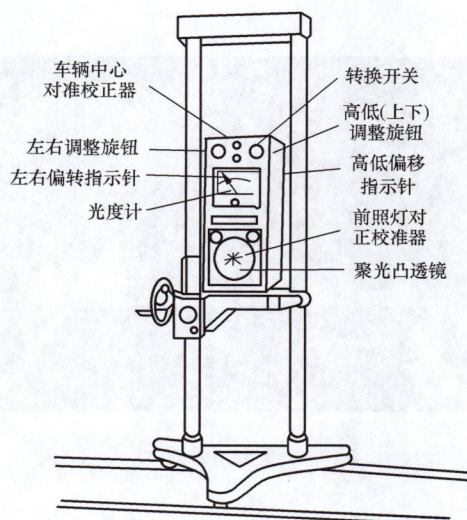

图 2-33 集光式前照灯测试仪

使用前照灯检测仪完成被测车辆的前照灯检测工作,并在表 2-9 中作记录。

前照灯的对光调整　　　　　　　　　　　　　　　　　　　表 2-9

远光光束发光强度 (cd)	远光灯位置偏移(mm)		近光灯位置偏移(mm)	
	左灯	右灯	左灯	右灯

学习拓展

　　自适应转向前照灯系统(AFS),指能自动改变两种以上的光型以适应车辆行驶条件变化的前照灯系统。AFS 是目前国际在车灯照明领域最新的技术之一,同时也是一个和行车安全息息相关的主动式安全系统。目前主要有静态系统和动态系统两种。AFS 工作示意图如图 2-34 所示。

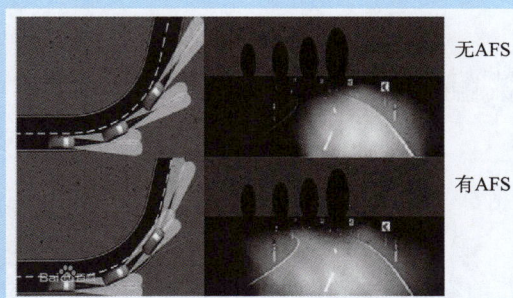

图 2-34 AFS 工作示意图

　　汽车自适应前照灯的结构由传感器组件、电控单元(前照灯照程调节控制单元)、执行器(转弯灯光动态调节电动机等)三大部分组成。

　　几何多光束 LED 前照灯(MULTIBEAM LED),是指车辆可根据当前道路条件及交通状况对前照灯进行快速、准确的调节(图 2-35)。该照明可在需要时随时通过单独控制的 LED 灯准确开启,如夜间行车,对前方车辆的照射、会车时的车辆、路上行人等进行有针对性的调节。

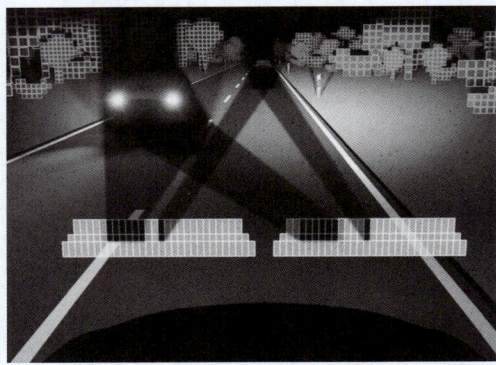

图2-35 几何多光束LED前照灯工作示意图

三、评价反馈

1. 使用（维修）案例分析

一客户反映，自己驾驶的卡罗拉轿车出现尾灯、前雾灯无法工作的故障，请你参照前照灯的电路进行检修，完成对尾灯、雾灯电路的检修，并正确回答问题。

尾灯和后雾灯电路如图2-36所示，前雾灯电路如图2-37所示。

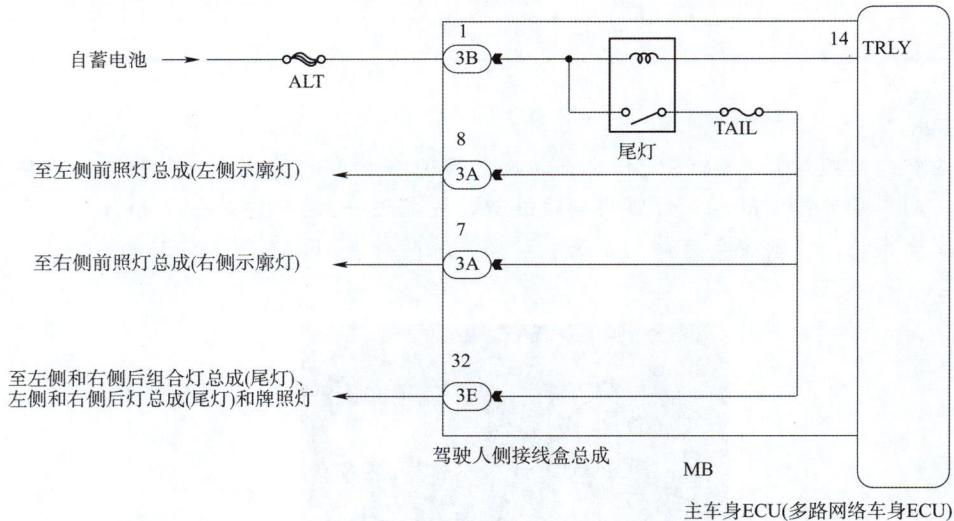

图2-36 尾灯和后雾灯电路图

（1）请用彩色笔分别在尾灯、前雾灯的电路图中描出各种灯泡的电路走向。

（2）在尾灯和后雾灯电路图中，除包含有左尾灯、右尾灯电路以外，还包含左前示廓灯、_____、左牌照灯、_____等小灯类电路。

（3）尾灯、前雾灯电路的控制元件与前照灯的控制元件有什么不同？

2. 学习自测题

（1）照明系统包括（   ）。

  A. 前照灯   B. 尾灯   C. 雾灯   D. 牌照灯

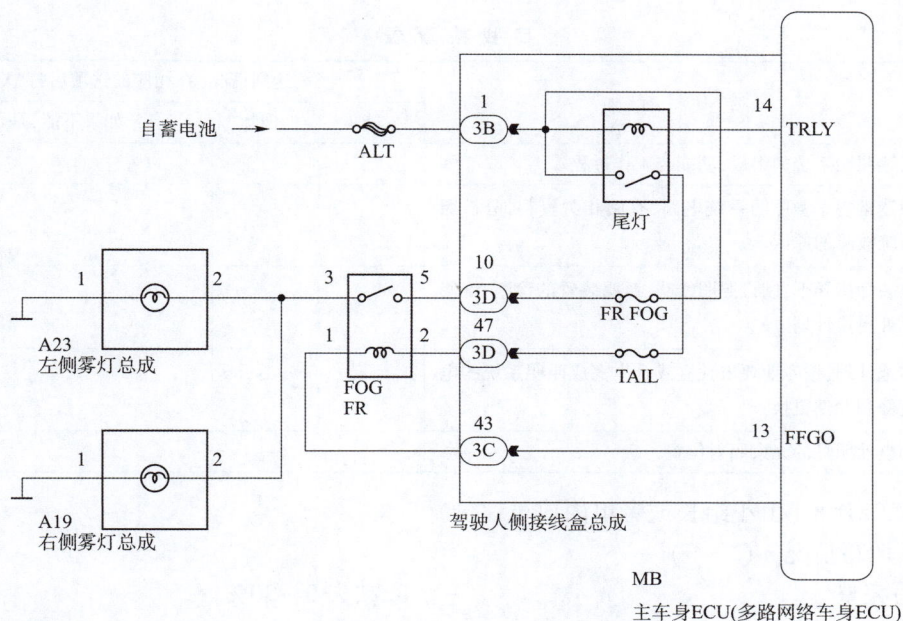

图 2-37　前雾灯电路图

（2）插座的编码规律是（　　）。

　　A.从左到右　　　　　　B.从右到左　　　　　　C.从上到下　　　　　　D.从下到上

（3）"B"表示导线颜色为（　　）。

　　A.红色　　　　　　　　B.绿色　　　　　　　　C.黑色　　　　　　　　D.蓝色

（4）以下（　　）不是阅读电路图的一般原则。

　　A.电路阅读应遵循回路原则

　　B.电路图中的开关、继电器按照通电状态绘制

　　C.如电路图中出现有继电器,则应分别阅读继电器的控制回路和主回路

　　D.数字编码相同的导线一定相连接

（5）电路图包括（　　）。

　　A.布线图　　　　　　B.局部电路原理图　　　C.整车电路原理图　　D.线束图

（6）通过阅读布线图,可清楚了解电气系统的工作过程（　　）。

　　A.正确　　　　　　　　B.错误

3.维修信息获取练习

查阅维修手册,列出花冠车型汽车的雾灯系统故障症状表。

4. 学习目标达到程度的自我检查（表2-10）

自 我 检 查 表   表2-10

序　　号	学 习 目 标	达到情况（在相应的选项后打"√"）		
		能	不能	如果不能，是什么原因
1	叙述照明系统的组成、功能与工作过程			
2	识读常规车型照明系统电路，查阅相关资料，分析照明系统故障的原因			
3	在教师指导下，制订照明线路、照明装置的诊断、维修或元件更换计划			
4	实施计划，按专业要求独立或合作完成照明系统的电路检修和元件更换			
5	调整前照灯的光束照射位置			

5. 日常表现性评价（由小组长或者组内成员评价）

（1）工作页填写情况。（　　　　）

　　　A. 填写完整　　　　　　　　　　　　　B. 缺失 0 ~ 20%

　　　C. 缺失 20% ~ 40%　　　　　　　　　D. 缺失 40% 以上

（2）工作着装是否规范？（　　　　）

　　　A. 穿着校服（工作服），佩戴胸卡　　　B. 校服或胸卡缺失一项

　　　C. 偶尔会既不穿校服又不戴胸卡　　　D. 始终未穿校服、佩戴胸卡

（3）能否主动参与工作现场的清洁和整理工作？（　　　　）

　　　A. 积极主动参与 5S 工作　　　　　　　B. 在组长的要求下能参与 5S 工作

　　　C. 在组长的要求下能参与 5S 工作，但效果差　　D. 不愿意参与 5S 工作

（4）操作汽车举升器或起动发动机时，有无进行安全检查并警示其他同学？（　　　　）

　　　A. 有安全检查和警示　　　　　　　　　B. 有安全检查，无警示

　　　C. 无安全检查有警示　　　　　　　　　D. 无安全检查，无警示

（5）是否达到全勤？（　　　　）

　　　A. 全勤　　　　　　　　　　　　　　　B. 缺勤 0 ~ 20%（有请假）

　　　C. 缺勤 0 ~ 20%（旷课）　　　　　　　D. 缺勤 20% 以上

（6）总体印象评价。（　　　　）

　　　A. 非常优秀　　　　　　　　　　　　　B. 比较优秀

　　　C. 有待改进　　　　　　　　　　　　　D. 急需改进

（7）其他建议：

小组长签名：_____　　　　_____年_____月_____日

6. 教师总体评价

（1）对该同学所在小组整体印象评价。（　　　　）

A. 组长负责,组内学习气氛好

B. 组长能组织组员按要求完成学习任务,个别组员不能达到学习目标

C. 组内有30%以上的学员不能达到学习目标

D. 组内大部分学员不能达到学习目标

(2)对该同学整体印象评价:

_____

_____

_____。

教师签名:_____　　　　_____年_____月_____日

学习任务 3　汽车信号系统的检测与维修

完成本学习任务后,你应当能:

1. 叙述汽车信号系统的组成和各部件功能;
2. 识读常规车型信号系统电路,查阅相关资料,分析信号系统工作过程;
3. 在教师指导下,通过查阅维修资料,根据故障现象分析故障原因,并制订故障检修计划;
4. 实施计划,按专业要求独立或合作完成信号系统的电路检修和元件更换。

建议完成本学习任务为 16 学时

内容结构

汽车信号系统的组成和功能　　　　　　　　信号系统电路检修

信号系统元件的工作原理

汽车信号系统的检测与维修

信号系统电路识读　　　　　　　　信号系统元件更换

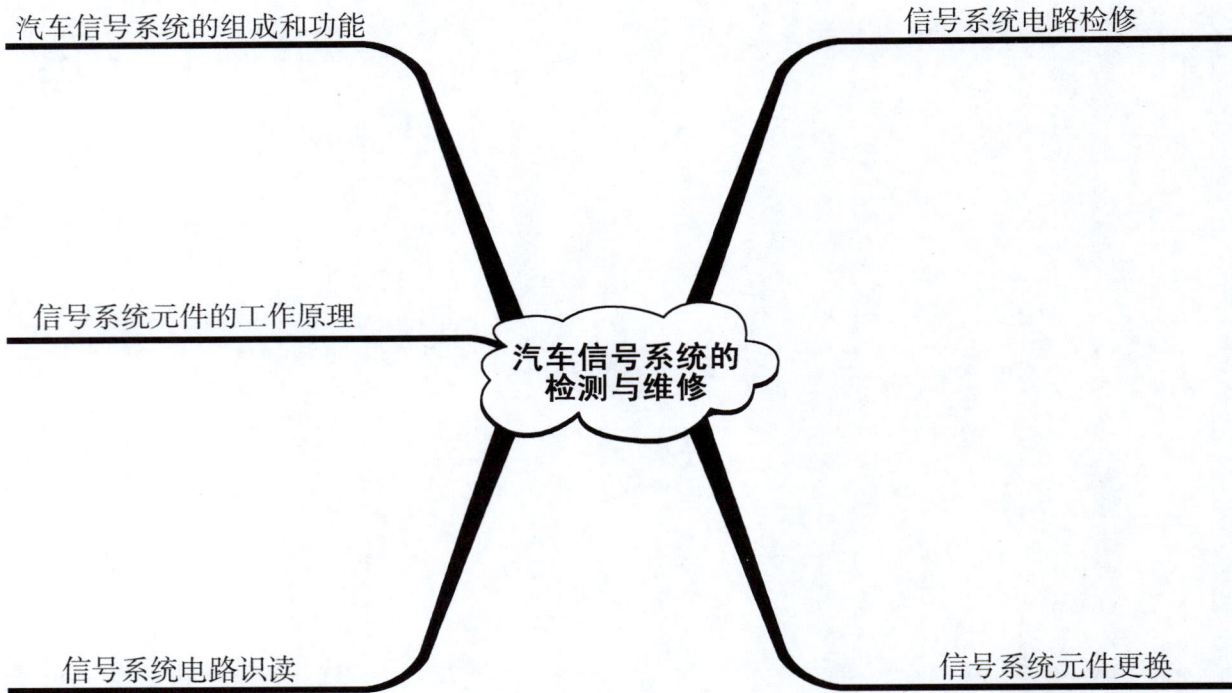

学习任务描述

请按专业水平对信号系统进行检查,如有必要请维修或更换信号系统的元件、线路,排除信号系统的故障。

信号系统的作用是向其他人或车辆发出警示,主要包括前后转向信号灯、制动灯、倒车灯、应急警告灯、电喇叭等。系统内各装置功能独立，由驾驶人在不同的场合下操纵。任何信号装置出现故障，都会影响汽车的安全行驶。因此在车辆检修中，必须正确地检测与维修信号系统，确保各装置能正常工作。

一、学习准备

1. 在检修汽车信号系统之前，需要熟悉汽车的信号系统的组成部件和各部件功能。信号系统主要由哪些部件组成？各部件安装在车辆什么位置？各部件分别有什么功能？

汽车信号系统由电源、信号装置和控制部分组成，各种信号设备见表3-1，安装位置如图3-1所示。

汽车信号系统的组成表　　　　　　　　　　　　　　　　　　　　　　　　表3-1

电源	蓄电池		
	车载发电机		
信号装置	制动灯	对应的控制部分	制动灯开关
	倒车灯		倒车灯换挡挡位开关
	转向灯		转向灯操作手柄、闪光灯继电器
	应急警告灯		应急警告灯开关
	喇叭		喇叭按钮、喇叭继电器
	……		……

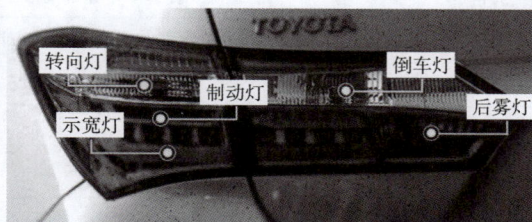

图3-1　信号设备安装位置

查阅相关资料，说明各信号设备的功能。

（1）制动灯：

（2）倒车灯：

49

（3）转向灯：

（4）应急警告灯：

（5）喇叭：

　　信号灯是汽车信号系统最主要的组成部件，它们各自功能相对独立，有着不同的警示功用，为了加以区分，经常使用不同的发光颜色来进行区分，具体见表3-2。

汽车信号灯的特征汇总表　　　　　　　　　　　　　　表3-2

种　类		工作时光亮类型	用　途
外部信号灯	制动灯	红色,持续高亮	表示本车正减速甚至停车
	倒车灯	白色,常亮	告知后方行人、车辆,本车将倒车
	转向灯	琥珀色,闪烁点亮	告知周围行人、车辆,本车将转弯
	应急警告灯	琥珀色,闪烁点亮	告知周围行人、车辆,本车遇紧急状况或处于故障状态
	示廓灯（前、后）	白、红色,常亮	表示本车轮廓宽度
内部信号灯（仪表）	转向灯	绿色,闪烁点亮	提示驾驶人车辆转向方向
	其他指示灯	各色,常亮	提示驾驶人车辆状况

二、计划与实施

2. 一辆卡罗拉轿车进厂修理。据车主反映夜间行车时，转向信号灯不亮。经基本检查，发现应急警告灯也不亮。请查阅维修资料，按提示制订维修工作计划。

　　1）分析转向信号灯和应急警告灯电路

　　图3-2 所示为卡罗拉轿车转向信号灯和应急警告灯的电路图，请根据提示分析花冠车型转向信号灯和应急警告灯的工作原理，并回答以下问题。

　　转向信号灯电路以左转向信号灯为例。

　　（1）左转向信号灯控制回路。

　　电流回路从_____→熔断丝 GAUGE（10A）→5 2P→中继线连接器 J33→闪光器继电器_____→闪光器继电器_____ 输出→转向信号开关 C8 5 脚→_____→中继线连接器 J2→（IE）搭铁回路。

　　（2）左转向信号灯主回路。

　　转向信号灯主回路的电源是由闪光器继电器的 1 脚（IG）输入，还是从闪光器继电器的 4 脚（＋B）输入？

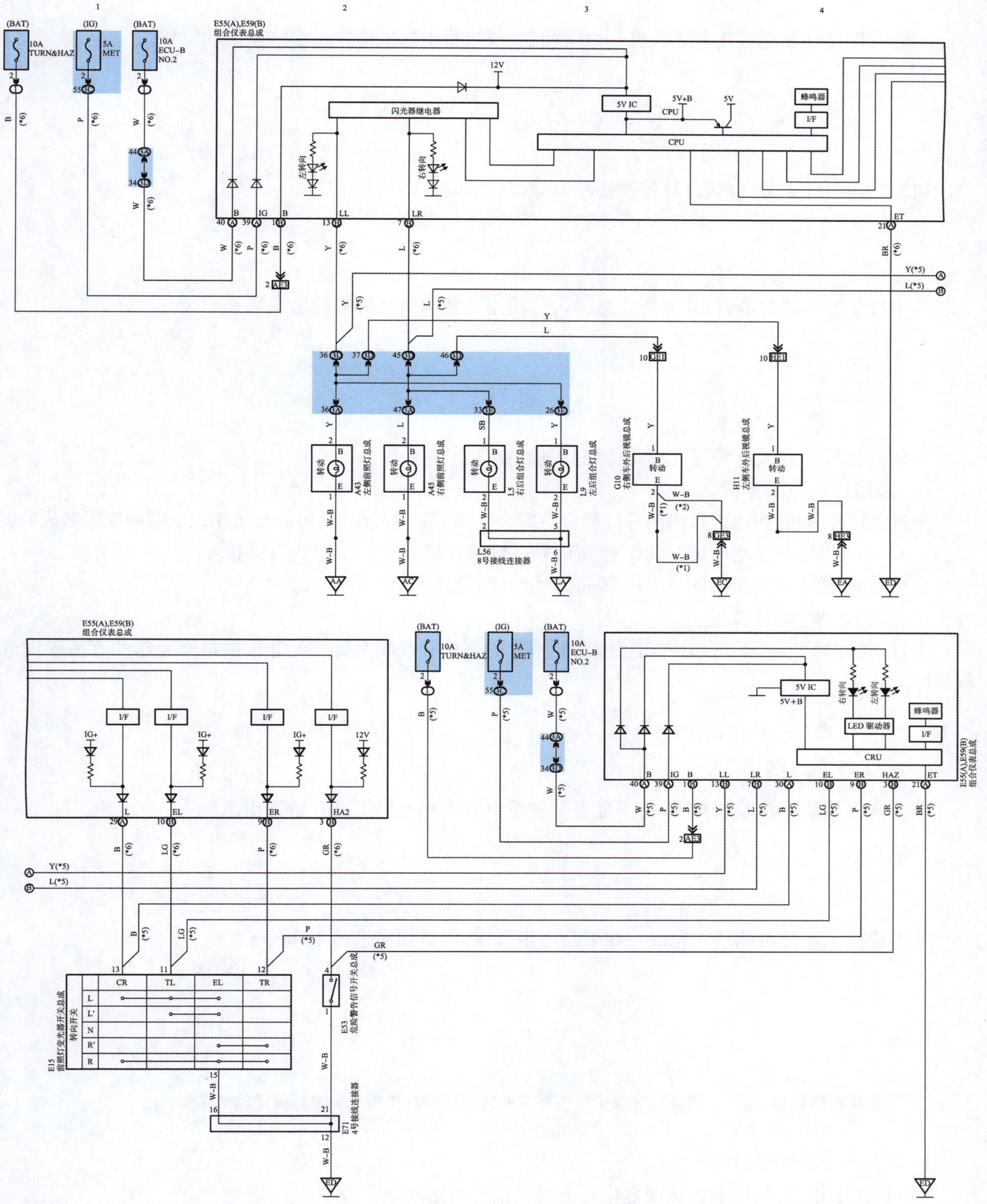

图 3-2 卡罗拉轿车转向信号灯和应急警告灯电路图

9 $\boxed{2T}$ 和 13 $\boxed{2H}$ 电位是否相同？9 $\boxed{2T}$ 连接哪一组灯？13 $\boxed{2H}$ 连接哪一组灯？

前转向信号灯分别有几个搭铁点？查阅相关资料，找出这些搭铁点在汽车上的位置。

如果左转向灯正常，右转向灯控制回路有故障，如何检查？

写出应急警告灯的电路，并分析应急警告灯线路与转向信号灯有什么关联？

2）转向信号灯和应急警告灯故障检修计划的制订
（1）故障可能原因分析。
经过电路图分析，当出现转向信号灯和应急警告灯都不亮的故障时，可能是由于以下哪种原因造成的？
   A. 转向信号灯线路损坏　　　B. 转向信号灯熔断丝熔断　　　C. 点火开关损坏
   D. 转向信号闪光器损坏　　　E. 转向信号灯灯泡损坏
（2）制订故障检修计划。
①针对转向信号灯不亮，请列出可能需要检修的部件和线路有哪些？并按照检修工作的难易程度进行排序。

②为确保检修工作顺利开展，需要准备哪些维修资料和维修工具？请列出。

③本检修工作是否能独立完成？如果是小组合作，组员如何进行工作分工？

3. 实施检修计划，按制订的计划完成卡罗拉轿车的转向信号灯和应急警告灯故障检修工作。

1）检查转向信号灯熔断丝
（1）查找电路图，从仪表板接线盒中拆下转向信号灯熔断丝。
（2）目视检查熔断丝是否正常。如熔断丝已熔断，查找熔断丝熔断原因。

小提示

　　熔断丝熔断,原因分疲劳损坏和过载两种。如果是疲劳损坏,则只需更换即可排除故障;如果是过载损坏,则说明线路可能存在短路故障,使用万用表排查故障位置,最后才能更换熔断丝。

　　(3)使用万用表,分别检测熔断丝插槽中电源端、搭铁端和车身搭铁点的电压,并记录在表3-3中。

转向信号灯熔断丝线路检测表　　　　　　　　　　　　　　　　　　表3-3

检 测 条 件	万用表接线状态	测 量 结 果	标　准　值	结 果 判 断
点火开关处于"ON"位置	供电端—车身搭铁 搭铁端—车身搭铁			☐　正常 ☐　不正常

　　(4)如果熔断丝线路不正常,则检查线路;如果检查结果正常,则继续进一步检查。

　　2)检查转向信号灯闪光继电器

　　转向信号灯闪光继电器,安装在仪表板接线盒上,位置如图3-3所示。

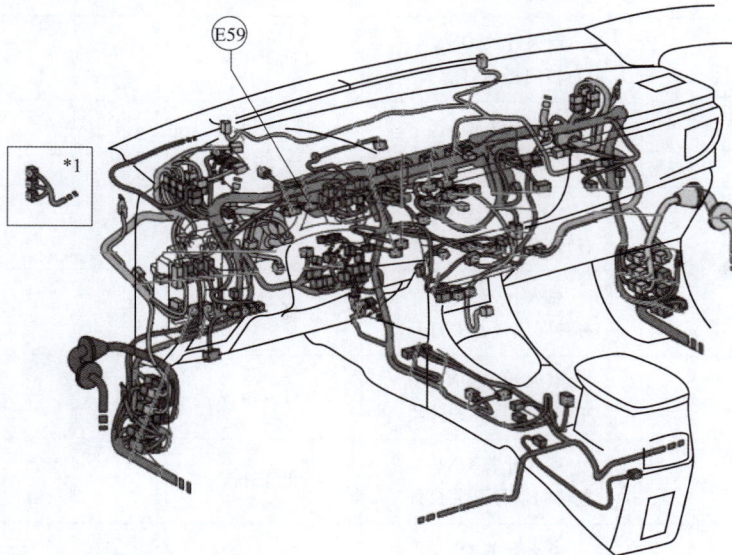

图3-3　转向信号灯闪光灯继电器安装位置

　　断开闪光继电器上的连接器,观察继电器各端子位置图,如图3-4所示。参照表3-4中各端子功用,对闪光继电器进行检测。

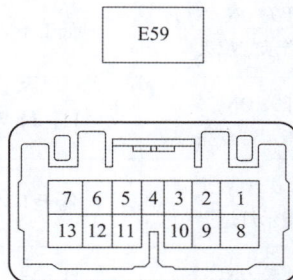

图3-4　闪光继电器端子位置

闪光继电器端子功用表　　　　　　　　　表3-4

端子编号	端子描述	端子编号	端子描述
E59 – 1	蓄电池	E59 – 10	左转向指示灯信号（输入）
E59 – 3	危险警告开关信号	E59 – 11	后雾灯指示灯信号
E59 – 7	右转向指示灯信号（输出）	E59 – 12	前雾灯指示灯信号
E59 – 9	右转向指示灯信号（输入）	E59 – 13	左转向指示灯信号（输出）

对闪光继电器线路导通性进行测量，并将结果记录在表3-5中。

闪光继电器线路导通检查　　　　　　　　　表3-5

端子连接情况	检测条件	标准状态	测量结果	结果判断
E59-1（B）-车身搭铁	始终	11～14 V		
E59-3（HAZ）-车身搭铁	点火开关ON，危险警告开关关闭	11～14 V		
	点火开关ON，危险警告开关打开	低于1 V		
E59-7（LR）-车身搭铁	点火开关ON，右转向指示灯熄灭	低于1 V		
	点火开关ON，右转向指示灯闪烁	11～14 V ←→ 低于1 V		
E59-9（ER）-车身搭铁	点火开关ON，右转向信号开关关闭	11～14 V		
	点火开关ON，右转向信号开关打开	低于1 V		
E59-10（EL）-车身搭铁	点火开关ON，左转向信号开关关闭	11～14 V		
	点火开关ON，左转向信号开关打开	低于1 V		
E59-11（S）-车身搭铁	点火开关ON，后雾灯指示灯熄灭	低于1 V		
	点火开关ON，后雾灯指示灯点亮	11～14 V		
E59-12（FOG）-车身搭铁 *4	点火开关ON，前雾灯指示灯熄灭	低于1 V		
	点火开关ON，前雾灯指示灯点亮	11～14 V		
E59-13（LL）-车身搭铁	点火开关ON，左转向指示灯熄灭	低于1 V		
	点火开关ON，左转向指示灯闪烁	11～14 V ←→ 低于1 V		

小提示

通电状态下,使用万用表进行线路测量,如需测量电阻时,只能使用直流电压挡,禁止使用电阻挡测量线路的导通情况,防止损坏用电设备。

如果检查结果不符合规定,说明转向信号闪光器已经损坏。请根据检测结果,判断转向信号闪光器是否需要更换,并说明为什么。

3)检查转向信号灯灯泡

结合维修资料,参照前照灯灯泡检查方法进行。

检查左侧转向信号灯总成。向左侧转向信号灯总成施加蓄电池电压,检查并确认该灯点亮。

正常情况见表3-6。

左侧转向信号灯总成检查表　　　　　　　　　　　　　　　　表3-6

条　件	规　定　状　态
蓄电池正极(＋)→端子1 蓄电池负极(－)→端子2	左侧转向信号灯点亮

如果结果不符合规定,则更换左侧转向信号灯总成。

灯泡是否正常?　　　□ 正常　　　　　　□ 不正常

如果灯泡损坏,则需进行更换。如果灯泡未损坏,则进行下一步检查。

4)检查转向信号灯和应急警告灯线路

检查步骤请参照电路图原理图、布线图执行。

5)判断故障原因

完成元件和电路检测后,请将检测结论填写在表3-7中。

转向信号灯和应急警告灯故障诊断表　　　　　　　　　　　　表3-7

检测项目	熔断丝	转向信号闪光器	转向信号灯与应急警告灯线路	转向信号灯灯泡
故障原因				

6)更换前转向信号灯灯泡

小提示

以下所列步骤,遇有拆卸与安装步骤不同时会特别说明。

(1)拆卸前照灯总成,具体拆卸步骤见维修资料或参照学习任务2。

(2)拆下前转向信号灯灯泡。

① 如图3-5所示,拆下前转向信号灯总成、灯泡。

②取出新的灯泡,灯泡安装后清洁,将总成安装复位。

7)查阅维修手册,完成表3-8卡罗拉轿车转向信号灯与应急警告灯的故障症状表。通过小组讨论,简要陈述当转向信号灯与应急警告灯出现其他故障时的排除步骤。

图 3-5　拆卸前转向信号灯灯泡

卡罗拉轿车转向信号灯和应急警告灯故障症状表　　　　　　　　　　　　　表 3-8

症　状	故障可能发生部位
一个转向信号灯不工作 （除侧转向信号灯）	（1）灯泡； （2）线束或连接器
侧转向信号灯不工作	（1）侧转向信号灯总成； （2）车外后视镜总成； （3）线束或连接器
向某个方向转向时，转向信号灯不工作	（1）转向信号开关电路； （2）仪表系统
所有转向信号灯不工作	（1）转向信号开关电路； （2）组合仪表总成
所有转向信号等不以正确的速度闪烁	组合仪表总成
危险警告灯不工作	（1）危险警告开关电路； （2）组合仪表总成

4. 转向信号灯与应急警告灯必须具有一定的频闪，即工作时灯光必须是闪烁的，这需要通过转向信号闪光器完成，转向信号闪光器是如何工作的？

转向信号灯闪烁的频率由闪光器控制。闪光器主要有电容式、晶体管式、集成电路式等类型。电容式闪光器具有闪光频率稳定、工作可靠等优点，故得到广泛应用，但体积较大。晶体管式闪光器分为有触点晶体管式和无触点晶体管式两种，体积较小。集成电路式闪光器集成在总成内，如组合仪表，具备负载驱动能力较大、抗干扰能力强、体积小等优点。

电容式闪光器工作原理如图 3-6 所示。

当 11 转向灯开关接通时（以左转向灯说明），电流从蓄电池正极→8 _____ →3 线圈→2 _____ →L _____ → _____ →10 左转向信号灯和指示灯→搭铁→蓄电池。

电容器充电回路：

3 线圈吸合，2 触点打开，（此时电流通过线圈 3 产生的电磁吸力大于弹簧片 1 的作用力）。蓄电池向电容器 6 充电。

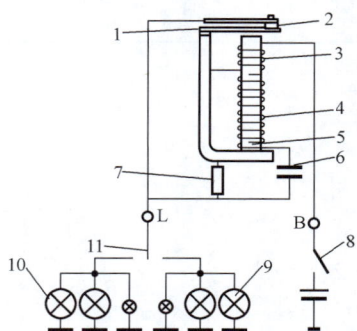

图 3-6　电容式闪光器

1-弹簧片；2-触点；3、4-线圈；5-铁芯；6-电容器；7-灭弧电阻；8-电源开关；9、10-转向信号灯和指示灯；11-转向灯开关

蓄电池正极→8 _____ →接线柱 B→3 _____ → 4 _____ → 6 电容器→ _____
L→11 转向灯开关→10 _____ →搭铁→蓄电池负极构成回路。

由于 4 线圈电阻较大,充电电流很小,不能使转向信号灯点亮,故转向灯此时仍处于暗状态。同时充电电流通过 3、4 线圈产生的电磁吸力方向相同,使触点继续打开。

随着充电时间延长,电容器两端电压逐渐升高,充电电流逐渐变小(线圈电流回路趋向于零),3 线圈和 4 线圈的电磁吸力减小,使 2 触点重新恢复闭合,转向灯处于发光状态。

6 电容器→4 _____ →2 _____ → 6 电容器形成闭合回路。

放电电流通过 4 线圈时产生的磁场方向与 3 线圈的方向相反,抵消 3 线圈的电磁吸力,电磁吸力减小,故 2 触点仍保持闭合,转向灯继续发亮。

随着电容器的放电时间延长,电容器两端电压逐渐下降,其放电电流减小,则 3 线圈的电磁吸力增强,2 触点被吸合又重新打开,转向灯不亮。如此反复,触点不断地开闭,使转向灯闪光。7 电阻与 2 触点并联,用来减小触点的火花,称为灭弧电阻。

🗂 小提示

转向信号灯应具有一定的频闪。国家标准规定为 60 ~ 120 次/min。

图 3-7 是有触点的晶体管式闪光器的原理图。参照电容式闪光器的工作原理,小组讨论分析有触点的晶体管式闪光器的工作过程。

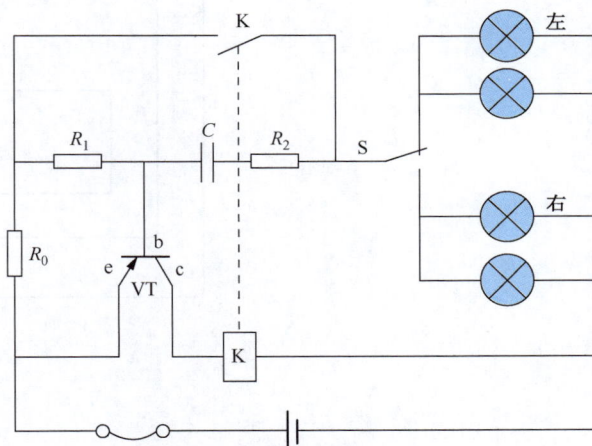

图 3-7　有触点的晶体管式闪光器

🚗 **5.** 一位客户反映,其车辆出现制动灯和喇叭无法工作的故障,请结合对转向灯的电路和故障排除方式,完成对制动灯和喇叭系统工作过程的分析,并回答问题。

(1)汽车尾部的制动灯和高位制动灯,对于防止追尾事故发生能起到非常重要的作用。同时,仪表板制动指示灯的目的是方便驾驶人在尾部制动灯亮起时起到指示作用。

①图 3-8 所示是丰田卡罗拉轿车的制动灯和喇叭电路,请写出对制动灯电路的描述。

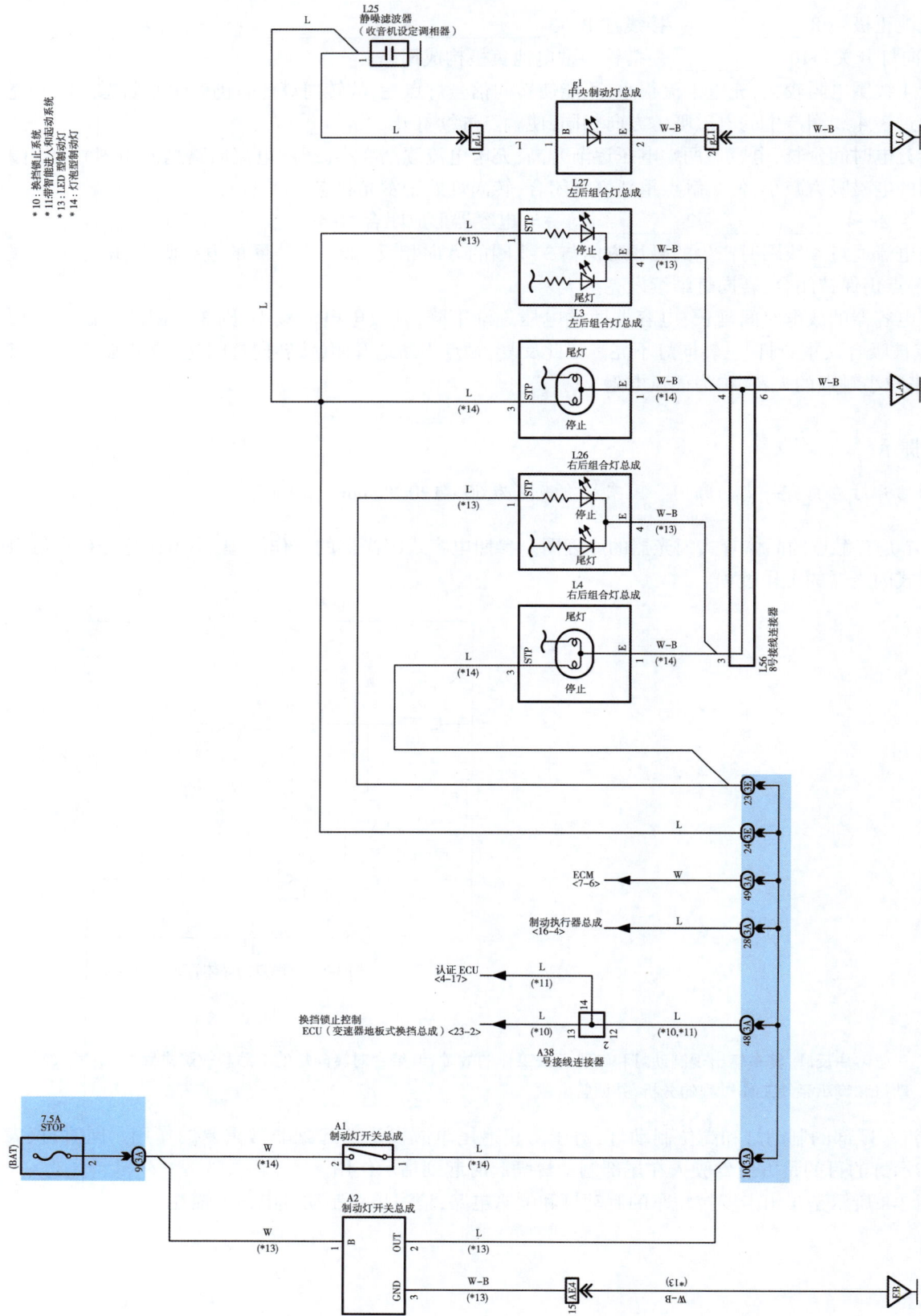

图 3-8 制动灯电路

②简要写明制动灯故障检测步骤,并在检测完成后,填写表3-9制动灯故障诊断表。

卡罗拉轿车制动灯故障诊断表　　　　　　　　　　　　　　　　　表3-9

故　障　现　象	故　障　原　因	排　除　方　法

(2)汽车喇叭一般通过驾驶人在转向盘处按下喇叭开关,喇叭继电器通电,触点闭合,高低音喇叭配合发出悦耳的响声。图3-9所示为喇叭安装位置。

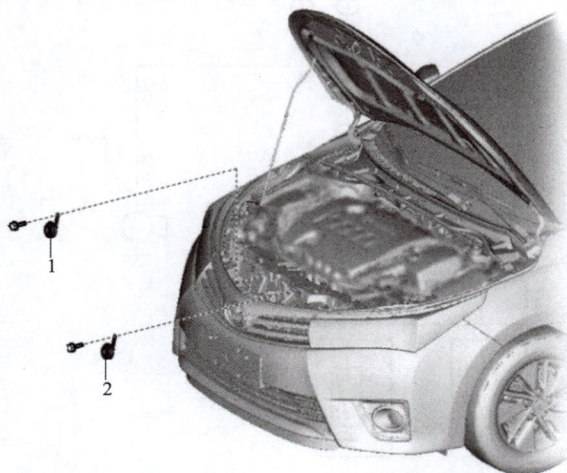

图3-9　卡罗拉轿车喇叭安装位置
1、2-喇叭

图3-10所示为汽车喇叭工作电路,请结合你所学过的知识,写下对喇叭工作电路的描述。
① 喇叭装置控制回路:

② 喇叭装置主回路:

③ 喇叭线路检查流程:

查阅维修手册额,完成表3-10喇叭系统故障症状表。

卡罗拉轿车喇叭系统故障诊断表　　　　　　　　　　　　　　　　表3-10

故　障　现　象	故　障　原　因	排　除　方　法

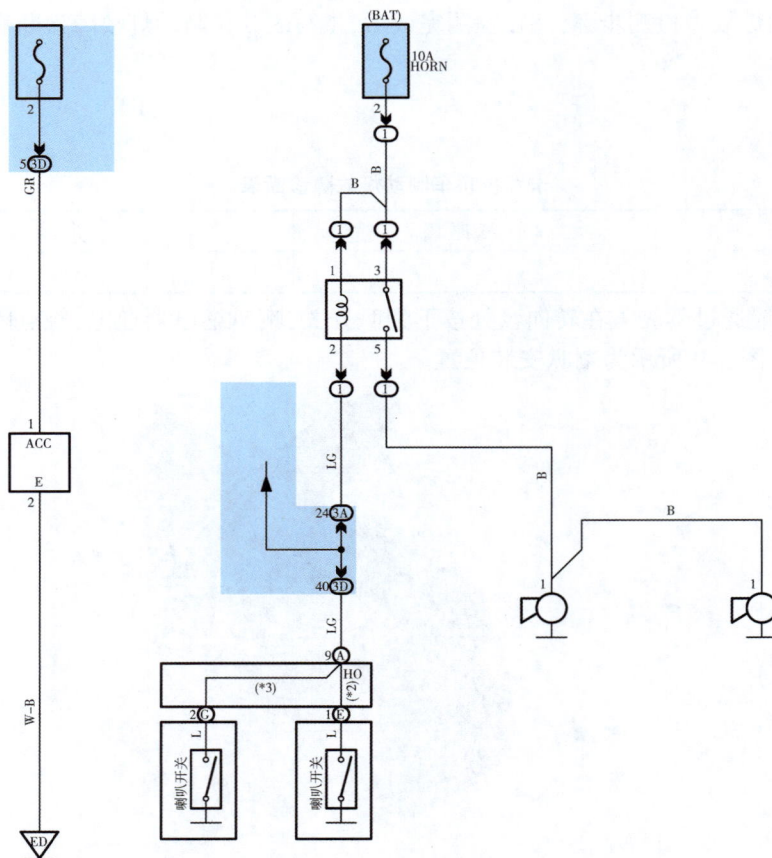

图 3-10　卡罗拉轿车喇叭电路

三、评价反馈

1. 学习自测题

（1）信号系统包括（　　　）。

　　A. 转向信号灯　　　　　　　B. 尾灯　　　　　　　　　C. 制动灯　　　　　　　D. 倒车灯

（2）闪光器主要有（　　　）等类型。

　　A. 电感式　　　　　　　　　B. 电容式　　　　　　　　C. 晶体管式　　　　　　D. 集成电路式

（3）48 ③A 标识中，数字"48"表示（　　　）。

　　A. 连接器位置　　　　　　　B. 接线盒位置　　　　　　C. 继电器盒位置　　　　D. 连接器引脚编号

（4）电容式闪光器的频闪主要由电容器的容量决定。（　　　）

　　A. 正确　　　　　　　　　　B. 错误

（5）同时操作转向信号灯和应急警告灯，则车辆会打开应急警告灯。（　　　）

　　A. 正确　　　　　　　　　　B. 错误

2. 维修信息获取练习

查阅维修手册，列出卡罗拉轿车在更换喇叭按钮总成时有哪些注意事项？

3.学习目标达到程度的自我检查(表3-11)

自 我 检 查 表　　　　　　　　　　　　　　　　　　　　表3-11

序　号	学 习 目 标	达到情况(在相应的选项后打"√")		
		能	不能	如果不能,是什么原因
1	叙述汽车信号系统的组成和功能			
2	识读常规车型信号系统电路,查阅相关资料,分析信号系统故障的原因			
3	在教师指导下,制订信号线路、信号装置的诊断与维修更换计划			
4	实施计划,按专业要求独立或合作完成信号系统的电路检修和元件更换			

4.日常表现性评价(由小组长或者组内成员评价)

(1)工作页填写情况。

　　A.填写完整　　　　　　　　　　　　B.缺失 0 ~ 20%

　　C.缺失 20% ~ 40%　　　　　　　　D.缺失 40%以上

(2)工作着装是否规范?(　　　)

　　A.穿着校服(工作服),佩戴胸卡　　　B.校服或胸卡缺失一项

　　C.偶尔会既不穿校服又不戴胸卡　　　D.始终未穿校服、佩戴胸卡

(3)能否主动参与工作现场的清洁和整理工作?(　　　)

　　A.积极主动参与 5S 工作　　　　　　B.在组长的要求下能参与 5S 工作

　　C.在组长的要求下能参与 5S 工作,但效果差　　D.不愿意参与 5S 工作

(4)操作汽车举升器或起动发动机时,有无进行安全检查并警示其他同学?(　　　)

　　A.有安全检查和警示　　　　　　　　B.有安全检查,无警示

　　C.无安全检查,有警示　　　　　　　D.无安全检查,无警示

(5)是否达到全勤?(　　　)

　　A.全勤　　　　　　　　　　　　　　B.缺勤 0 ~ 20%(有请假)

　　C.缺勤 0 ~ 20%(旷课)　　　　　　D.缺勤 20%以上

(6)总体印象评价。(　　　)

　　A.非常优秀　　　　　　　　　　　　B.比较优秀

　　C.有待改进　　　　　　　　　　　　D.急需改进

(7)其他建议:

小组长签名:＿＿＿＿＿＿＿＿＿＿＿　　　　　＿＿＿＿＿年＿＿＿＿＿月＿＿＿＿＿日

5.教师总体评价

(1)对该同学所在小组整体印象评价。(　　　)

　　A.组长负责,组内学习气氛好

B. 组长能组织组员按要求完成学习任务,个别组员不能达到学习目标

C. 组内有30%以上的学员不能达到学习目标

D. 组内大部分学员不能达到学习目标

(2)对该同学整体印象评价:

_____

_____

_____。

教师签名:_____   _____年_____月_____日

学习任务 4　汽车电动刮水器的检测与维修

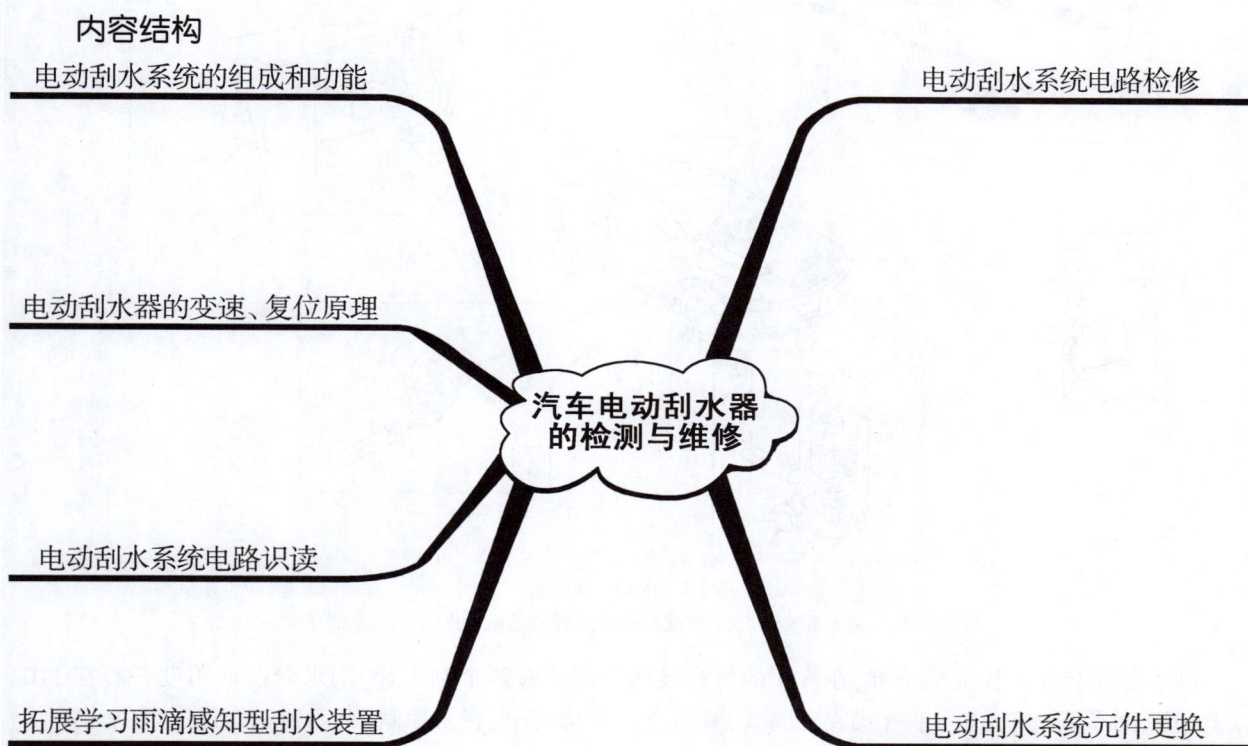

内容结构

电动刮水系统的组成和功能

电动刮水系统电路检修

电动刮水器的变速、复位原理

汽车电动刮水器的检测与维修

电动刮水系统电路识读

拓展学习雨滴感知型刮水装置

电动刮水系统元件更换

学习任务描述

请按专业水平对电动刮水系统进行检查,如有必要请维修或更换刮水系统元件,线路,解决刮水系统的故障。

电动刮水系统是汽车的重要组成部分,保证驾驶人在任何天气条件下都有良好的驾驶视线。电动刮水系统主要由刮水器电动机、刮水臂、联动装置、车窗清洗器等组成。在车辆维修中,掌握电动刮水系统的工作原理是很有必要的。

一、学习准备

1.电动刮水系统由哪些元件组成,各有什么功能?

电动刮水系统主要由电动刮水器和风窗玻璃清洗器组成,如图4-1所示。

1)电动刮水器

刮水器按动力源的不同有真空式、气动式、电动式三种。其中电动刮水器动力大、容易控制而在汽车上广泛使用。电动刮水器由直流电动机、传动机构、刮水臂和刮水片组成。图4-2、图4-3所示分别为电动刮水器组成和刮水器电动机的结构。

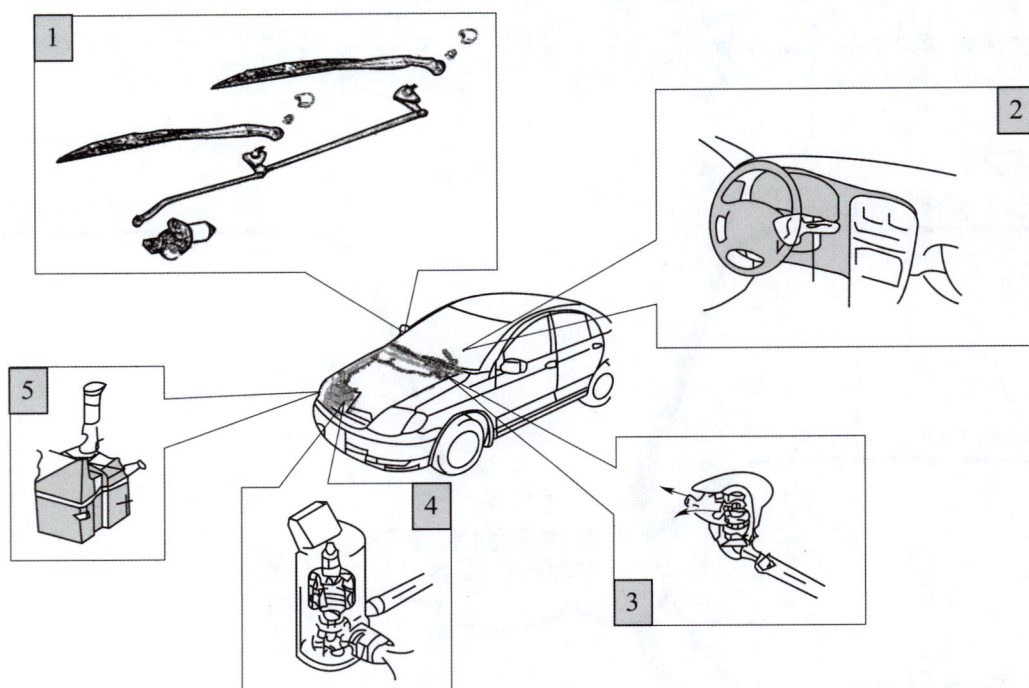

图4-1　电动刮水系统

1-刮水器;2-刮水系统开关;3- 喷洗器喷嘴;4-喷洗器电动机;5-喷洗器储存罐

刮水器安装在风窗玻璃下部,在汽车的风窗玻璃上部装有两个刮水片,刮水臂摆动角度一般在110°以上,其刮水臂运动方式为平行式或对向式,其特点是结构简单,容易控制,有三种工作速度可供选择。

2)汽车的刮水器有三种工作方式

(1)间歇刮水:每隔约4s刮一次,用于蒙蒙细雨中;

(2)低速刮水:用于中、小雨雪天气;

(3)高速刮水:用于大雨、大雪天气。

图4-4所示为卡罗拉车上的刮水器控制开关。图中各挡位代表不同的工作模式:

(1)MIST(图标)——手动工作。将推杆往上推,刮水器就以连续方式开始工作。松手后,推杆自动回位,刮水器停止工作。适用于清除前挡少量积水或去除前挡上少许的杂物。

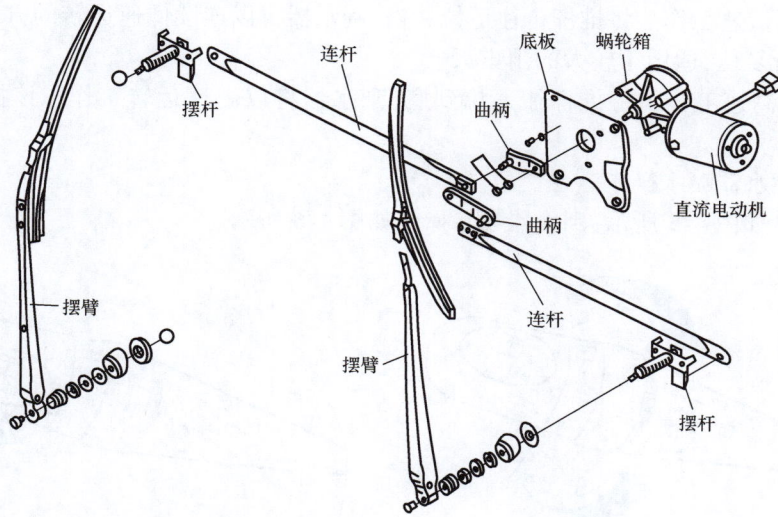

图4-2　电动刮水器的组成

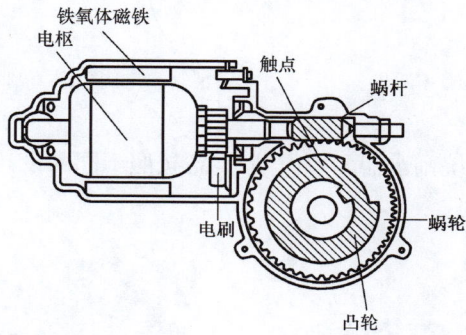

图4-3　刮水器电动机的结构

图4-4　刮水器控制开关

(2)OFF——前刮水器停止工作状态。

(3)INT——自动间歇工作。将推杆往下拉一格,刮水器将以间歇的方式自动工作。该挡位需手动进行复位。适用于小雨、小雪的情况。

（4）LO——连续低速工作。将推杆再往下拉一格，刮水器将以连续低速运转的方式自动工作。该挡位同样需要手动进行复位，适用于较大的雨雪天气。

（5）HI——连续高速工作。将推杆往下拉到底，刮水器将以高速运转工作。该挡位需手动进行复位，适用于暴雨天气。

（6）PULL——喷水器喷水操作。

刮水器频率调节如图4-5所示；刮水器喷水操作如图4-6所示。

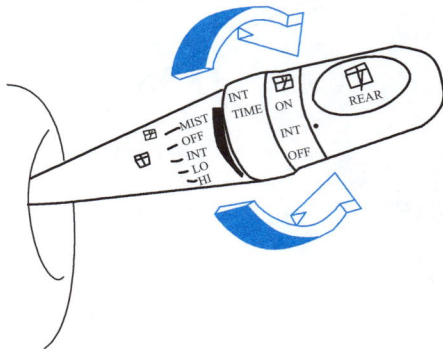

图4-5　刮水器频率调节　　　　　　　　　　图4-6　刮水器喷水操作

3）刮水器类型

根据刮水器的构造，可分为传统刮水器和感应刮水器；按照不同的设计，可分为有骨刮水器（图4-7）、无骨刮水器（图4-8）和喷水刮水器。

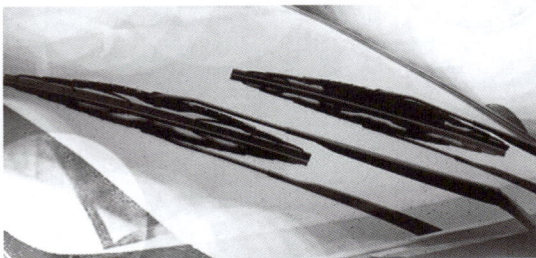

图4-7　传统有骨刮水器　　　　　　　　　　图4-8　无骨刮水器

感应式刮水器能通过雨量传感器感应雨滴的大小（图4-9），自动调节刮水器运行速度，为驾驶人提供良好的视野，从而大大提高雨天驾驶的方便性和安全性。

带喷水功能的刮水片（图4-10）不仅使用的玻璃水更少了，在不同行车状况下擦拭风窗玻璃的效果更好，但制造难度及成本较高。

4）风窗玻璃清洗器

风窗玻璃清洗器是由微型永磁直流电动机、离心式水泵、喷嘴、储液罐及水管五部分组成。洗涤泵的结构如图4-11所示。

刮水器系统不能正常工作时，表现出的故障可能有（　　　）。

A.刮水器电动机不转或转速不均匀　　B.刮水器只有高速挡　　C.间歇刮水不正常

D.刮水器高速挡不正常　　E.洗涤器不工作　　F.刮水器电动机不能自动复位停止

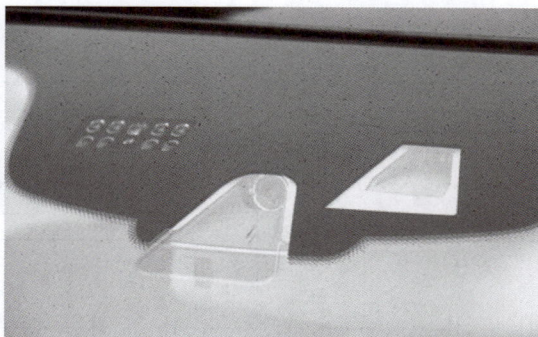

图 4-9　感应式刮水系统中的雨量传感器

图 4-10　奔驰 Magic Vision Control 系统中的喷水刮水片

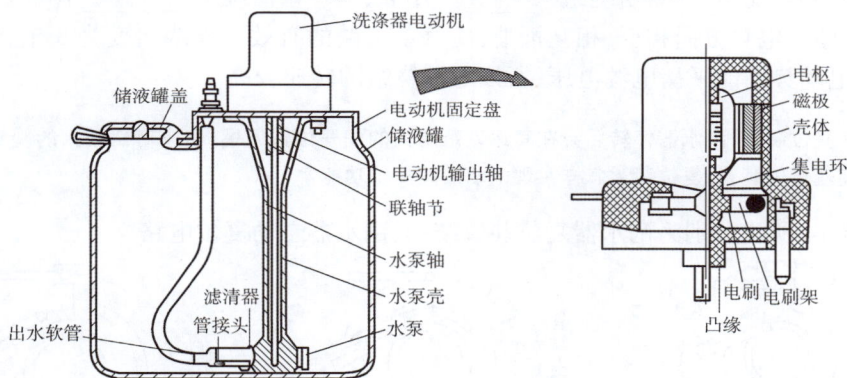

图 4-11　洗涤泵的结构

2. 刮水器的作用是清除风窗玻璃上的雨水、雪、灰尘等,根据车外雨量的大小,刮水器需要有不同的运转速度。怎样理解永磁式刮水电动机的变速方式?

由于电动刮水器的动力来源是直流电动机,所以刮水器的变速就是直流电动机的变速。图 4-12 所示为电动机的变速原理。

永磁式刮水电动机有两种不同的刮水速度,所以在结构上电动机设置了 _____ 只电刷,通过改变永磁直流电动机换向器和 _____ 之间的接触面,而获得两种不同的刮水速度。

如图 4-12a)所示,当刮水器开关在 _____ 位置时,电源电压 U 加在电刷 B_1 和 B_3 之间,电动机低速运转。

电刷 B_1 和 B_3 之间有两条电枢绕组支路,一条是由绕组 _____ 串联起来的支路;另一条是由绕组 _____ 串联起来的支路。每条支路的有效工作绕组为 _____ 个,由于串联的电枢绕组数量较多,为

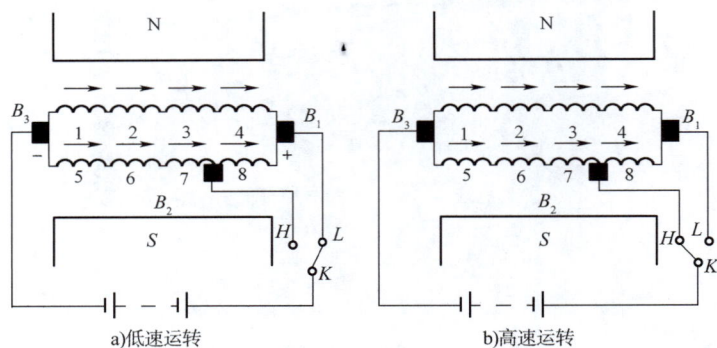

a)低速运转　　　　　　　b)高速运转

图4-12　刮水电动机的变速原理

了平衡电源电压,每个电枢绕组所产生的反电动势较小,所以电枢绕组的转速较低。

小词典

反电动势是由电枢绕组产生的感应电压。电枢绕组通电运转后,由于满足了导体切割磁场的条件,所以在电枢绕组上会产生出感应电压,感应电压的方向和外加电压的方向相反,所以将该感应电压称为反电动势。

如图4-12b)所示,当将刮水器开关在＿＿＿＿位置时,电源电压 U 加在电刷之间,电动机高速运转。两条电枢绕组并联支路,一条由绕组＿＿＿＿串联,另一条由绕组＿＿＿＿串联。由于绕组4和8在同一条支路中,感应电势方向相反,相互抵消,使每条支路的有效工作绕组变为3个,每个电枢绕组需要产生更高的反电动势才能平衡电源电压,所以电枢绕组的转速较高。

3. 如果没有复位装置,刮水器停转后会在其运动范围内的任一位置停留,造成对驾驶人的视觉障碍。为此要求刮水器装备复位装置,复位装置怎样实现刮水器的复位功能?

图4-13、图4-14所示分别为刮水器复位装置结构、刮水器自动复位电路。

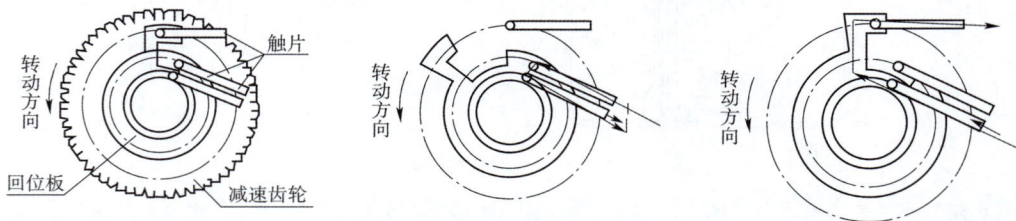

图4-13　刮水器复位装置的结构

刮水器自动复位电路由1点火开关、2熔断丝、3和5＿＿＿＿、4和6触点、7和9铜环、8＿＿＿＿、10电枢、11永久磁铁、12电源开关组成。

当电源开关从Ⅰ挡(低速刮水)或Ⅱ挡(高速刮水)回复到0挡时,刮水器停止刮水。如此时刮水器未回到正确位置(图4-14),则刮水器通过复位装置依然形成电流回路继续低速运转直至回到正确位置,此时刮水器由于能耗制动而迅速在该位置停止,如图4-15所示。

请参照图4-14所示,写出刮水器的复位电路。

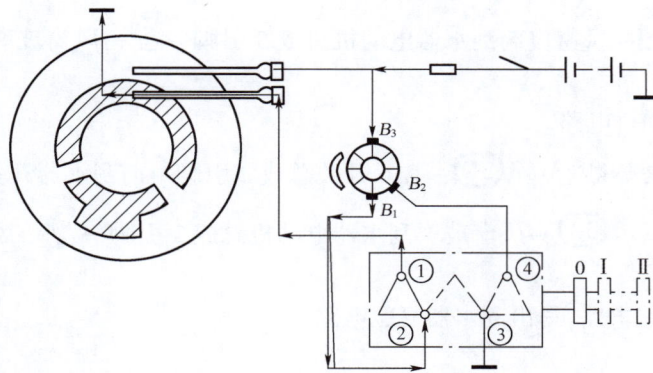

图 4-14　刮水器自动复位电路

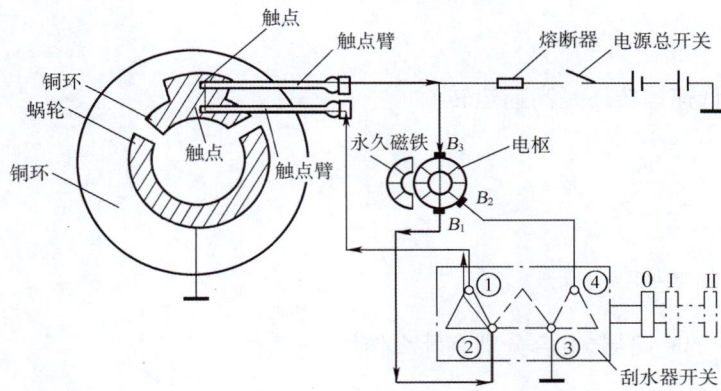

图 4-15　刮水器能耗制动

如果在刮水器运转过程中断开点火开关,刮水器能自动复位吗?

刮水器产生能耗制动的原因是什么?

📘 小提示

　　当刮水器电动机因故障而不能转动时,应立即拔掉电动机插头,否则由于复位装置仍接通电路,电动机可能因长时间通电发热而烧坏。

二、计划与实施

🚗 4.一辆卡罗拉车进厂修理。据车主反映使用前刮水器时,无论是刮水低速挡还是高速挡,刮水器都不运行。请你参照相应的维修资料,制订维修计划,排除这一故障,并做好相应记录。

1)卡罗拉车型电动刮水系统电路、元件检测

(1)刮水器低速(LOW)电路。

IG 供电→25A WIPFR 熔断丝→3 ③D →E16 开关总成 2 引脚→前刮水器开关 + B →_____→E16

开关总成 3 引脚→10 [AE6]→风窗玻璃刮水器电动机总成 5 引脚→Ⓜ→风窗玻璃刮水器电动机总成 4 引脚→AD 位置搭铁。

（2）刮水器高速（HIGH）电路。

IG 供电→25A WIPFR 熔断丝→3 ③D→E16 开关总成 2 引脚→前刮水器开关 + B →_____→E16 开关总成 4 引脚→7 ③D→6 ③A→风窗玻璃刮水器电动机总成 3 引脚→Ⓜ→风窗玻璃刮水器电动机总成 4 引脚→AD 位置搭铁。

参考刮水器低速、高速电路，写出刮水器复位电路。

刮水器复位时，是低速运转还是高速运转？

前刮水器电动机中的断路器、电容分别有什么作用？

前刮水器和喷洗器电路图如图 4-16 所示。

卡罗拉车的刮水器除具备高、低速挡以外，还有手动挡（MIST）、间歇挡（INT），手动挡用于驾驶人的点动操作，其电路同刮水器在低速挡时电路相同。间歇挡用于控制刮水器间歇性刮水。

风窗玻璃清洗器电动机和泵总成电路：

IG 供电→_____→11 ③D→6 [AE6]→_____→12 [AE6]→E16 开关总成 7 引脚→前清洗器开关 WF→_____→E16 开关总成 4 引脚→EA 位置搭铁。

📘 **小提示**

洗涤泵控制电路是短时工作制，按住手柄洗涤开关按钮，前清洗器开关接通，洗涤泵喷水，当松开手时，洗涤泵电动机停止工作。

通过分析卡罗拉车型电动刮水器的电路，你认为以下_____等因素会导致刮水器低速、高速都不运行的故障。

A. 前刮水器和喷洗器开关总成损坏　　B. 前刮水器电动机故障
C. 线路故障　　　　　　　　　　　　D. 点火开关损坏

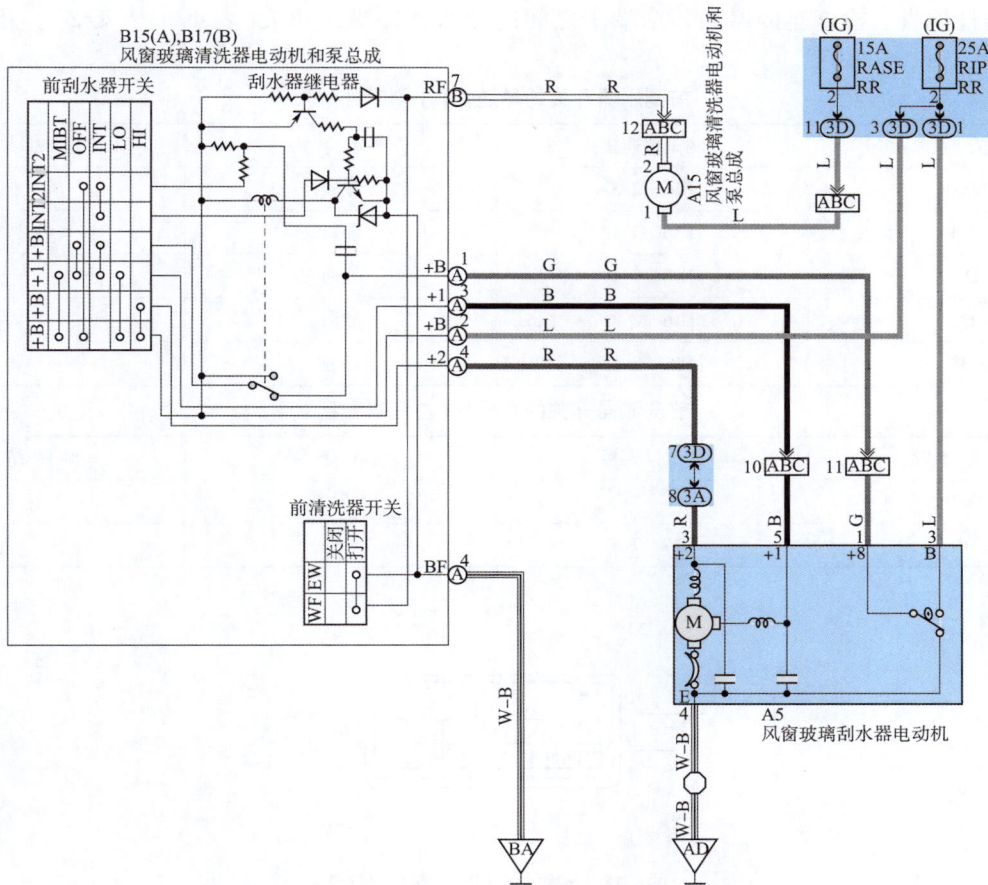

图4-16　前刮水器和喷洗器电路图

（3）检查前刮水器和喷洗器开关总成。

E16前刮水器和喷洗器开关总成在车辆上的位置如图4-17所示。

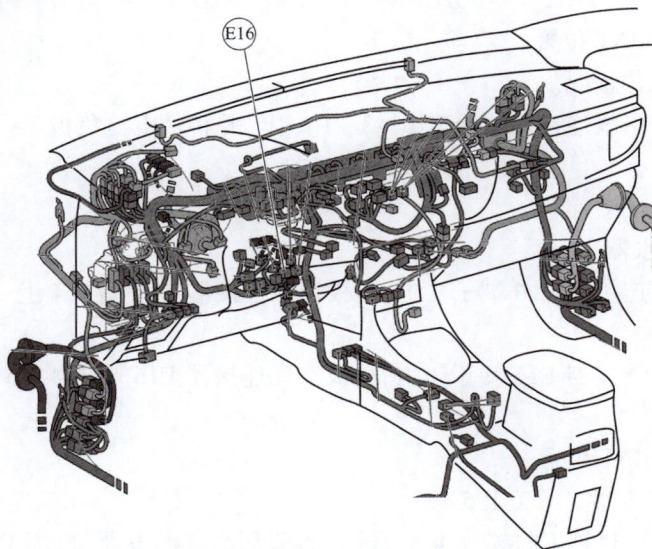

图4-17　E16前刮水器和喷洗器开关总成位置

71

①导通性检查。检查连接器的各个端子之间的导通性并操作开关（表4-1、表4-2）。开关总成如图4-18所示。

前刮水器开关的导通性（左侧驾驶型）　　　　　　　　　　表4-1

开 关 位 置	测试仪连接	规 定 条 件	检 测 结 论
MIST	E16　2-3	导通	
OFF	E16　3-1	导通	
INT	E16　3-1	导通	
LO	E16　2-3	导通	
HI	E16　2-4	导通	

前洗涤器开关的导通性（左侧驾驶型）　　　　　　　　　　表4-2

开 关 位 置	测试仪连接	规 定 条 件	检 测 结 论
OFF	—	不导通	
ON	E17　7-4	导通	

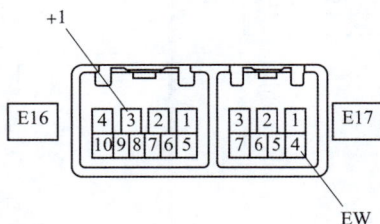

图4-18　前刮水器和喷洗器开关总成

a. 检查前刮水器间歇操作。

i. 将电压表正极（＋）引线连接到端子E16－3（＋1）上，并将蓄电池负极（－）引线连接到端子E17－4（EW）上。

ii. 将刮水器开关置于INT位置。

b. 检查前清洗器的工作情况。

i. 将电压表正极（＋）引线连接到端子E16－3（＋1）上，并将蓄电池负极（－）引线连接到端子E17－4（EW）上。

ii. 将点火开关置于ON位置。

②间歇性检查（前刮水器）。

a. 将电压表正极接在连接器E16端子3上，负极接在连接器E17端子4上

　　　　　　　　　　　　　　　　　　　　　　　　　□是　□否

b. 将蓄电池正极接在连接器E16端子3上，负极接在连接器E16端子4上。

　　　　　　　　　　　　　　　　　　　　　　　　　□是　□否

c. 将刮水器开关置于INT位置。　　　　　　　　　　　□是　□否

d. 蓄电池正极接在连接器端子2上5s。　　　　　　　　□是　□否

e. 将蓄电池负极接在连接器E17端子4上，运行间歇刮水器继电器，检测E16端子3与E17端子4间的电压，电压标准如图4-19所示。

f. 操作间歇式刮水器并检查端子 E16-3（ +1）和 E17-4 之间的电压。

正常：

电压变化如图 4-19 所示。

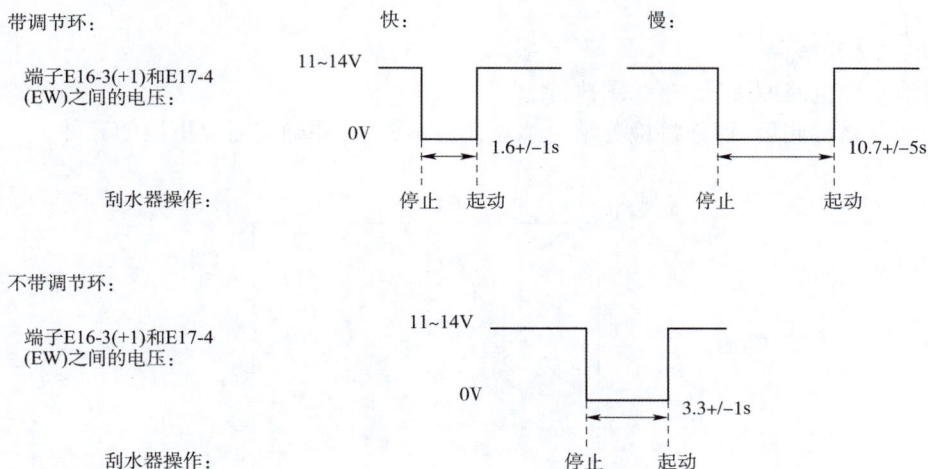

图4-19　间隙操作电压测试

③运行检查（前刮水器）。

a. 将刮水器开关置于 OFF 位置　　　　　　　　　　　　　　　　　　　□是　□否

b. 将蓄电池正极接在连接器 E16 端子 3 上，负极接在连接器 E16 端子 4 上。　□是　□否

c. 将电压表正极接在连接器 E16 端子 3 上，负极接在连接器 E17 端子 4 上，将洗涤器开关置于 ON 和 OFF 位置，并检查 E16 端子 3 和 E17 端子 4 之间的电压。电压标准如图 4-20 所示。

d. 打开和关闭清洗器开关，并检查端子 E16-3（ +1）和 E17-4（EW）之间的电压。

正常：

电压变化如图 4-20 所示。

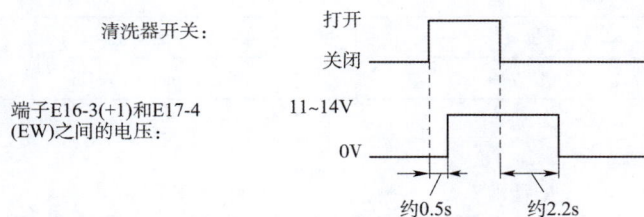

如果结果不符合规定，则更换风窗玻璃刮水器开关总成。

图4-20　运行操作电压测试

（4）检查刮水器电动机总成（左侧驾驶型）。

①低速挡运行检查。将蓄电池正极接在连接器 E16 端子 2 上，负极接在连接器 E16 端子 3 上，检查电动机是否低速运行。　　　　　　　　　　　　　　　　　　　　　　　　　　□是　□否

②高速挡运行检查。将蓄电池正极接在连接器 E16 端子 2 上，负极接在连接器 E16 端子 4 上，检查电动机是否高速运行。　　　　　　　　　　　　　　　　　　　　　　　　　　□是　□否

③自动停止运行检查（图 4-21）。

a. 将蓄电池正极接在 E16 端子 2 上，负极接在连接器 E16 端子 3 上，在电动机低速旋转时，断开端子

2 使刮水器电动机停止在除自动停止位置以外的任何位置。　　　　　　□是　□否

　　b. 连接端子 2 与端子 3。　　　　　　　　　　　　　　　　　　□是　□否

　　c. 检查蓄电池正极与端子 2 的连接情况，重新起动电动机至低速，检查电动机自动停止位置。

　　　　　　　　　　　　　　　　　　　　　　　　　　　　　　　　□是　□否

（5）检查电动车窗线路。

检查步骤请参照电路原理图、布线图执行。

完成元件和电路检测后，请你将检测结论填写在表4-3中，并确定需要更换的元件。

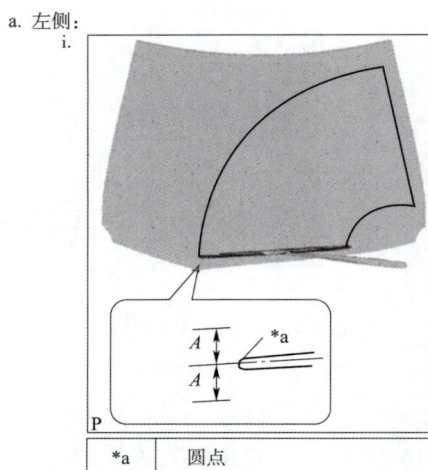

a. 左侧：
i.

| *a | 圆点 |

操作风窗玻璃刮水器电动机总成。

ii. 停止风窗玻璃刮水器电动机总成操作。

iii. 检查自动停止（停止）位置。

提示：

前刮水器电动机停止后，提起刮水器刮水片 2 次后检查自动停止位置。

标准间隙：

部位	测量值
A	10.0mm（0.394in）

正常：

前刮水器停止在图示位置。

图 4-21　刮水器电动机自动停止位置（以左侧为例）

卡罗拉车型刮水器低速及高速都不运行故障诊断表　　　　　　　　表4-3

故障	前刮水器和喷洗器开关总成损坏	前刮水器电动机故障	刮水器线路故障
故障部位			

2）电动刮水系统元件更换

 小提示

以下所列步骤为拆卸步骤，安装步骤和拆卸步骤相反。遇有拆卸与安装步骤不同时会特别指明。

（1）更换刮水器开关总成。

①松开倾斜度调节杆,并完全拉伸并降下转向柱。

②锁止倾斜度调节杆,向左转动转向盘总成以拆下螺钉,向右转动转向盘总成以拆下螺钉。

③将转向盘总成转至中央,分离左右和上下各2个卡爪,拆下转向柱下、上罩。

④断开各连接器,将转向盘总成转至右侧,使用螺丝刀分离卡爪并拆下风窗玻璃刮水器开关总成（图4-22）。

注意:如果按下卡爪时用手力过大,则卡爪可能损坏。

（2）更换刮水器电动机总成。

①用螺丝刀分离3个卡爪并拆下前刮水臂端盖。

注意:使用螺丝刀之前,请在螺丝刀头部缠上胶带。

②拆下左前刮水臂。拆下螺母及左侧风窗玻璃刮水臂和刮水片总成。

③拆下右前刮水臂。拆下螺母及右侧风窗玻璃刮水臂和刮水片总成。

④拆卸前挡左右侧护板,各分离2个卡爪和导销并拆下侧护板。

⑤拆卸左、右侧散热器格栅密封（图4-23）,拆卸卡子。

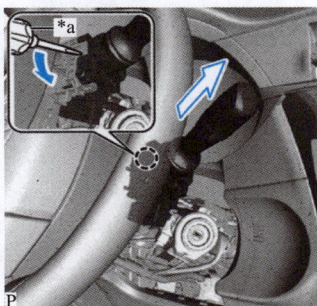

图4-22　拆下刮水器开关总成　　　　图4-23　拆卸散热器格栅密封

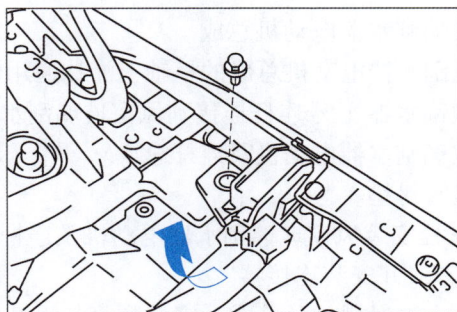

⑥拆卸前围板上通风栅板分总成。分离2个卡子、6个卡爪和11个导销,并拆下前围板上通风栅板分总成（图4-24）。

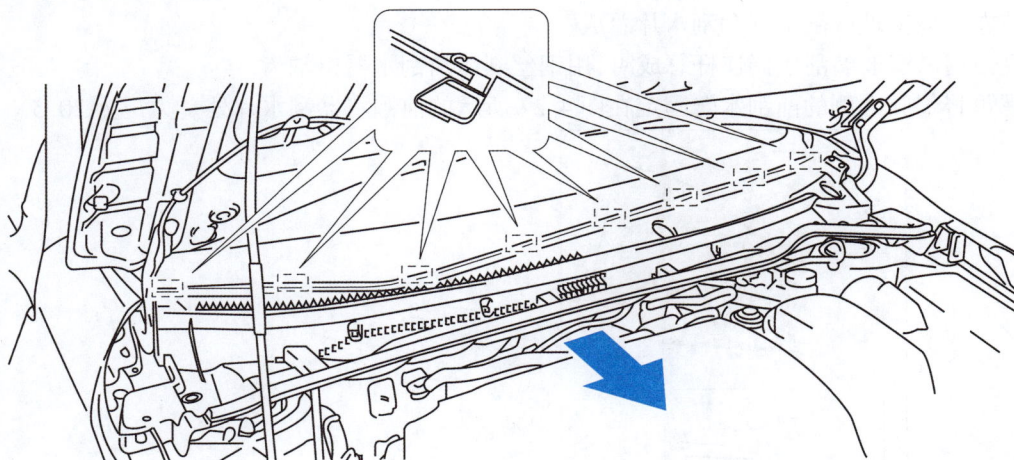

图4-24　拆下前围板上通风栅板分总成

⑦拆卸风窗玻璃刮水器电动机及连杆总成（图4-25）。

a.断开连接器。

b. 分离 2 个卡爪、拆下 2 个螺栓。

c. 分离电动机密封垫，并拆下风窗玻璃刮水器电动机及连杆总成。

⑧拆下风窗玻璃刮水器电动机总成（图4-26）。

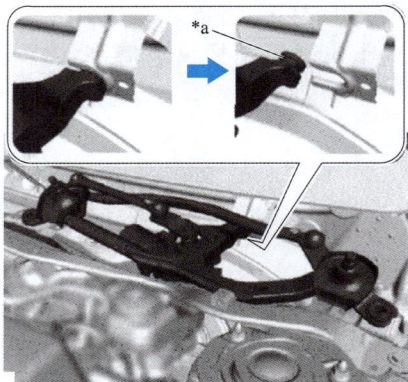

图4-25　拆下风窗玻璃刮水器电动机及连杆总成　　图4-26　拆卸风窗玻璃刮水器电动机总成

⑨安装风窗玻璃刮水器电动机总成。

a. 在风窗玻璃刮水器电动机总成的枢轴上涂抹通用润滑脂。

b. 将风窗玻璃刮水器 1 号连杆连接到风窗玻璃刮水器电动机总成的枢轴上。

⑩安装风窗玻璃刮水器电动机及连杆总成。

a. 接合电动机密封垫。

b. 使用 2 个螺栓安装风窗玻璃刮水器电动机及连杆总成。力矩为 5.5N·m。

c. 接合 2 个卡夹，并安装连接器。

⑪安装前围板上通风栅板分总成。安装顺序与拆卸顺序相反。

⑫安装左右散热器格栅密封。

⑬安装左右侧护板。

注意：新的侧护板上有隔离纸，撕下隔离纸后，不要使外露的胶面粘上异物。

⑭安装左侧风窗玻璃刮水臂和刮水片总成。

a. 重复使用风窗玻璃刮水器连杆总成时，用钢丝刷清洁刮水器枢轴齿。

b. 用螺母将驾驶人侧的前刮水臂固定在图4-27 所示的前刮水器刮水片处。力矩为 20.5N·m。

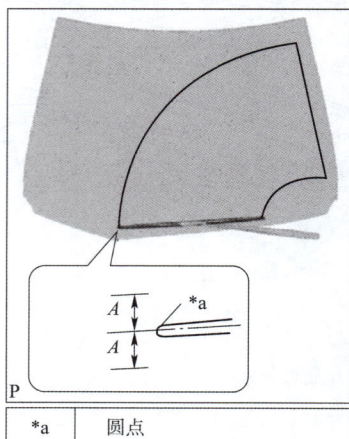

参考测量值：

部位	测量值
*a　圆点	
A	10.0mm(0.394in)

图4-27　安装左前刮水器臂

⑮安装右侧风窗玻璃刮水臂和刮水片总成。

a. 重复使用风窗玻璃刮水器连杆总成时,用钢丝刷清洁刮水器枢轴齿。

b. 用螺母将驾驶人侧的前刮水臂固定在图4-28所示的前刮水器刮水片处。力矩为20.5 N·m。

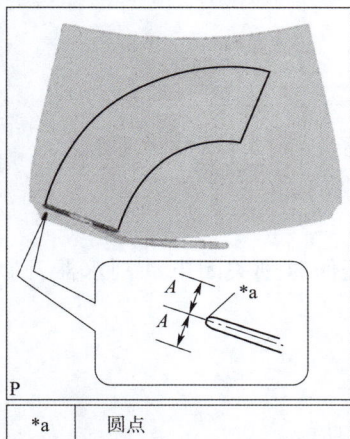

参考测量值:

部位	测量值
A	10.0mm(0.394in)

*a	圆点

图4-28　安装右前刮水臂

⑯检查并完成后续附件安装。

a. 将点火开关置于 ON 位置。

b. 向风窗玻璃上喷射清洗液的同时,操作风窗玻璃刮水器。确保风窗玻璃刮水器工作正常且刮水器不与车身接触。

c. 刮水器停止后提起各刮水臂两次并检查刮水器设定位置。

d. 将点火开关置于 OFF 位置。

e. 完成其他附件安装,并做好5S工作。

查阅维修手册,完成表4-4卡罗拉车型电动刮水系统的故障症状表。通过小组讨论,简要陈述当电动刮水系统出现其他故障时的排除步骤。

卡罗拉车型刮水器和洗涤器系统故障症状表　　　　　表4-4

症　状	故障可能发生部位

学习拓展

　　雨滴感知型刮水器系统增加了雨量传感器,它可根据雨量的大小改变刮水的工作速度。如奔驰S320轿车,其雨量传感器实际是一个集红外线发射及接收一体的传感器,可根据雨量的不同输出不同的电压信号,然后将此信号传给组合继电器,继电器通过内部集成电路处理来控制对刮水器电刷的供电,从而改变电动机的工作速度。

三、评价与反馈

1. 学习自测题

（1）电动刮水系统通常具有（　　）等功能。

    A. 慢速刮水　　　　　　B. 快速刮水　　　　　　C. 手动刮水　　　　　　D. 间歇刮水

（2）能根据雨量自动调节刮水速度的是（　　）。

    A. 感应型刮水系统　　　B. 无骨式刮水系统　　　C. 喷水型刮水系统　　　D. 有骨刮水系统

（3）刮水器的不同转速是通过增加变速传动机构实现的。（　　）

    A. 正确　　　　　　　　B. 错误

（4）由于电动刮水系统具有自动复位功能,因此在任何时刻关闭电动刮水器,刮水臂均会在初始位置停止。（　　）

    A. 正确　　　　　　　　B. 错误

2. 维修信息获取练习

（1）查阅维修手册,简要复述电动刮水系统的组成与功能。

（2）根据你的使用体会,请说明卡罗拉车型手动刮水（MIST）与间歇刮水（INT）的区别。

3. 学习目标达到程度的自我检查（表4-5）

自 我 检 查 表　　　　　　　　　　　　　　　　　　　　表4-5

序　号	学 习 目 标	达到情况（在相应的选项后打"√"）		
		能	不能	如果不能,是什么原因
1	叙述刮水器、清洗器的组成和功能			
2	分析电动刮水器的工作原理			
3	识读常规车型电动刮水系统电路,查阅相关资料,分析电动刮水系统故障的原因			
4	实施计划,按专业要求独立或合作完成刮水系统检测与更换工作			

4. 日常表现性评价（由小组长或者组内成员评价）

（1）工作页填写情况。（　　）

    A. 填写完整　　　　　　B. 缺失 0~20%　　　　　C. 缺失 20%~40%　　　　D. 缺失 40%以上

(2)工作着装是否规范？（　　）

　　A.穿着校服（工作服），佩戴胸卡　　　　　B.校服或胸卡缺失一项

　　C.偶尔会既不穿校服又不戴胸卡　　　　　D.始终未穿校服、佩戴胸卡

(3)能否主动参与工作现场的清洁和整理工作？

　　A.积极主动参与 5S 工作　　　　　　　　B.在组长的要求下能参与 5S 工作

　　C.在组长的要求下能参与 5S 工作,但效果差　D.不愿意参与 5S 工作

(4)操作汽车举升器或起动发动机时,有无进行安全检查并警示其他同学？（　　）

　　A.有安全检查和警示　　　　　　　　　　B.有安全检查,无警示

　　C.无安全检查,有警示　　　　　　　　　　D.无安全检查,无警示

(5)是否达到全勤？（　　）

　　A.全勤　　　　　　　　　　　　　　　　　B.缺勤 0～20%（有请假）

　　C.缺勤 0～20%（旷课）　　　　　　　　　D.缺勤 20% 以上

(6)总体印象评价。（　　）

　　A.非常优秀　　　　　　　　　　　　　　　B.比较优秀

　　C.有待改进　　　　　　　　　　　　　　　D.急需改进

(7)其他建议:

小组长签名:＿＿＿＿＿＿＿＿＿＿＿＿＿　　　　　　　＿＿＿＿年＿＿＿＿月＿＿＿＿日

5.教师总体评价

(1)对该同学所在小组整体印象评价。（　　）

　　A.组长负责,组内学习气氛好

　　B.组长能组织组员按要求完成学习任务,个别组员不能达到学习目标

　　C.组内有 30% 以上的学员不能达到学习目标

　　D.组内大部分学员不能达到学习目标

(2)对该同学整体印象评价:

＿＿＿

＿＿＿

＿＿。

教师签名:＿＿＿＿＿＿＿＿＿＿＿＿＿　　　　　　　＿＿＿＿年＿＿＿＿月＿＿＿＿日

学习任务 5 汽车电动车窗的检测与维修

完成本学习任务后,你应当能:

1. 叙述电动车窗的组成、功能;
2. 分析电动车窗的工作过程;
3. 识读常规车型电动车窗电路,查找相关资料,分析电动车窗故障的原因;
4. 实施计划,按专业要求独立或合作完成电动车窗的电路检修和元件更换;
5. 初始化防夹电动车窗。

建议完成本学习任务为 8 学时

内容结构

电动车窗的结构组成

电动车窗的就车检查

电动车窗的工作过程

电动车窗的电路检修

汽车电动车窗的检测与维修

电动车窗的电路识读

防夹车窗的工作原理

电动车窗元件更换

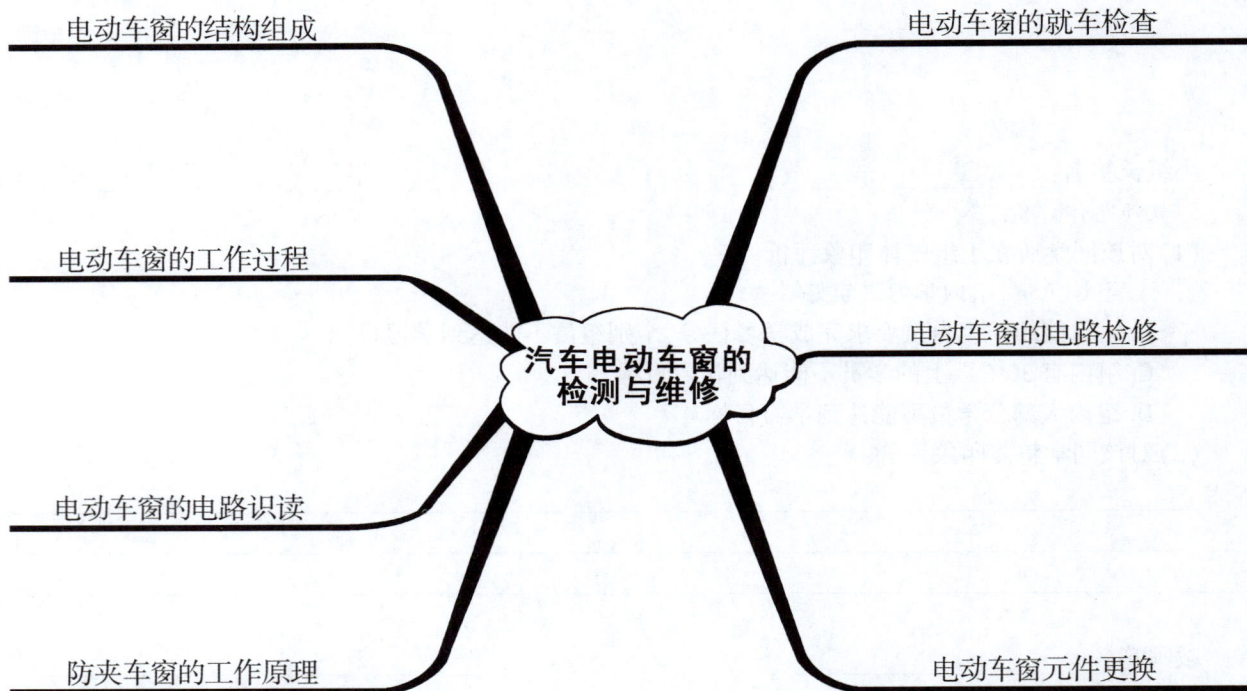

学习任务描述

请按专业水平对电动车窗进行检查,如有必要请维修或更换电动车窗的元件、线路,排除电动车窗的故障。

现代汽车广泛使用电动车窗,驾驶人或乘客在座位上操作开关,控制车窗玻璃自动上升或下降,提高了驾驶人或乘客的操作便利性。

一、学习准备

> **1.** 在检修汽车电动车窗之前,需要熟悉电动车窗并回答以下几个问题,电动车窗由哪几部分组成？分别安装在汽车上哪个位置？各部分组件分别实现什么功能？

电动车窗主要由电动机、驱动机构、车窗升降器和控制开关等组成。电动车窗各元件位置如图5-1所示。

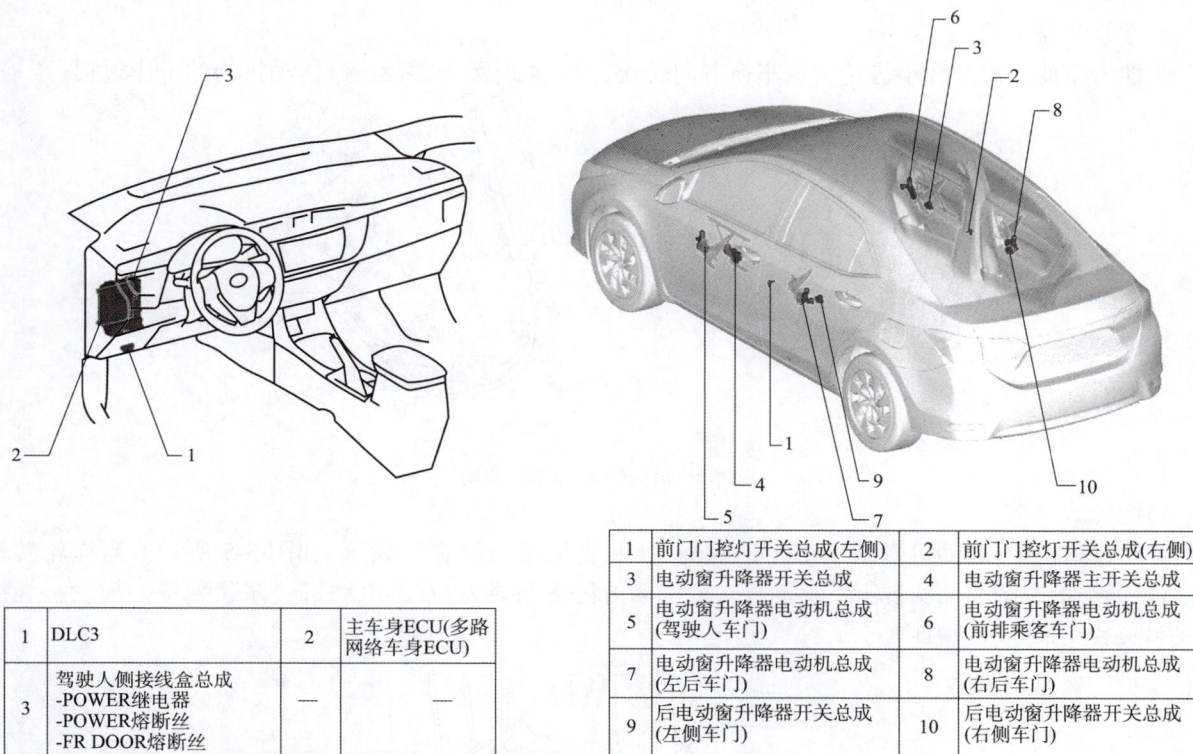

1	DLC3	2	主车身ECU(多路网络车身ECU)
3	驾驶人侧接线盒总成 -POWER继电器 -POWER熔断丝 -FR DOOR熔断丝	—	—

1	前门门控灯开关总成(左侧)	2	前门门控灯开关总成(右侧)
3	电动窗升降器开关总成	4	电动窗升降器主开关总成
5	电动窗升降器电动机总成(驾驶人车门)	6	电动窗升降器电动机总成(前排乘客车门)
7	电动窗升降器电动机总成(左后车门)	8	电动窗升降器电动机总成(右后车门)
9	后电动窗升降器开关总成(左侧车门)	10	后电动窗升降器开关总成(右侧车门)

图5-1 电动车窗元件位置图

汽车上通常采用永磁式电动机作为驱动装置,如图5-2所示。电动机安装在车门内侧的护板内,外有控制开关。通过控制开关控制流经电动机的电流方向实现旋转,再通过驱动机构改变电动机输出运动的方向。

提问:电动机是单向还是双向？能实现单向还是双向旋转？

1）齿扇换向

齿扇换向机构如图5-3所示,齿扇上连有螺旋弹簧。车窗上升时,弹簧伸展,放出能量,以减轻电动机负荷;车窗下降时,弹簧被压缩,吸收能量,因此无论车窗上升还是下降,电动机的负荷都基本相同。

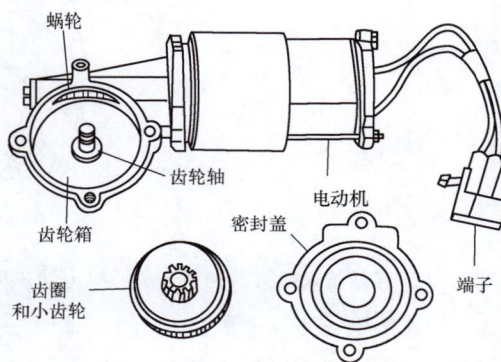

图5-2 电动机的结构

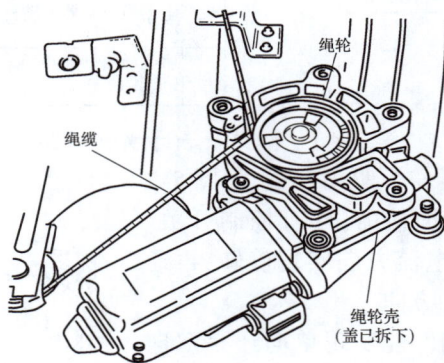

a) 电动车窗齿轮传动机构　　　　　　　b) 传动机构安装位置结构

图 5-3　电动车窗齿轮传动机构

2）柔性齿条换向

柔性齿条使用齿条和小齿轮实现车窗方向转换，图 5-4 所示为柔性齿条传动机构的工作过程。

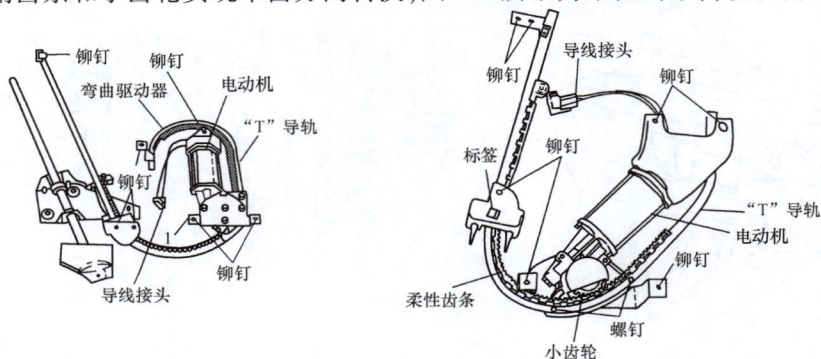

图 5-4　电动车窗齿条传动机构

3）绳轮式换向

绳轮式结构中，电动机带动一个带槽的绳轮，驱动绳缆缠绕在绳轮上，如图 5-5 所示。当绳轮转动时，通过绳缆的缠绕运动实现上下移动。一般的动力传递路线为：直流电动机→减速装置→绳轮→绳缆→玻璃安装支架→玻璃升降。

图 5-5　电动车窗绳轮式传动机构

2. 当驾驶人或乘客利用开关操纵电动车窗时，电动车窗应能自动上升或下降，电动车窗怎样实现上升和下降的功能？

1）车窗上升（以左后车窗为例）

参考图 5-6 完成左后车窗上升的电路，并在图中标明电流路径。

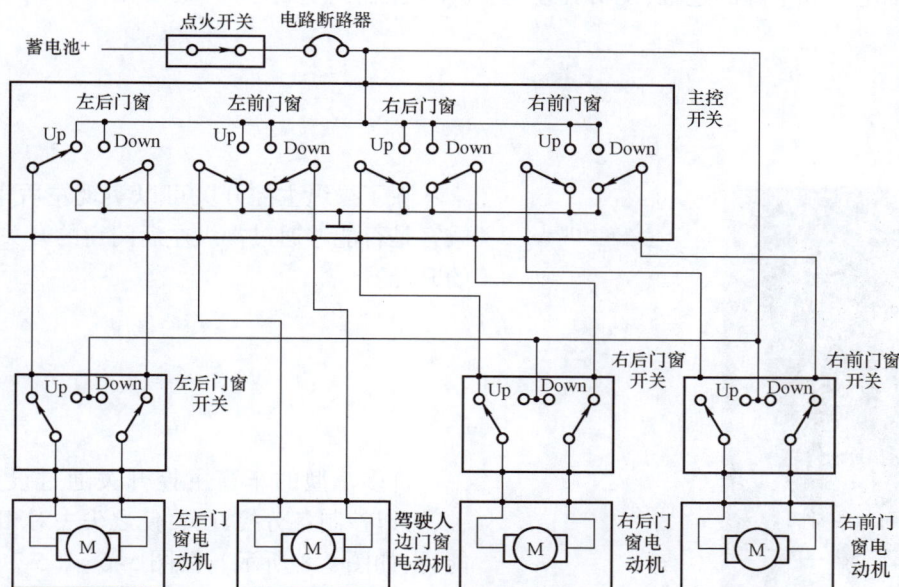

图5-6　由主控开关控制左后车窗的上升

蓄电池正极→点火开关→电路断路器→主控开关左后门窗 Up 触点→左后门窗分控开关 Up 触点→电动机→＿＿＿＿＿→＿＿＿＿＿→搭铁。

2）车窗下降（以左后车窗为例）

参考图5-7完成左后车窗下降的电路，并在图中标明流经电动机的电流方向。

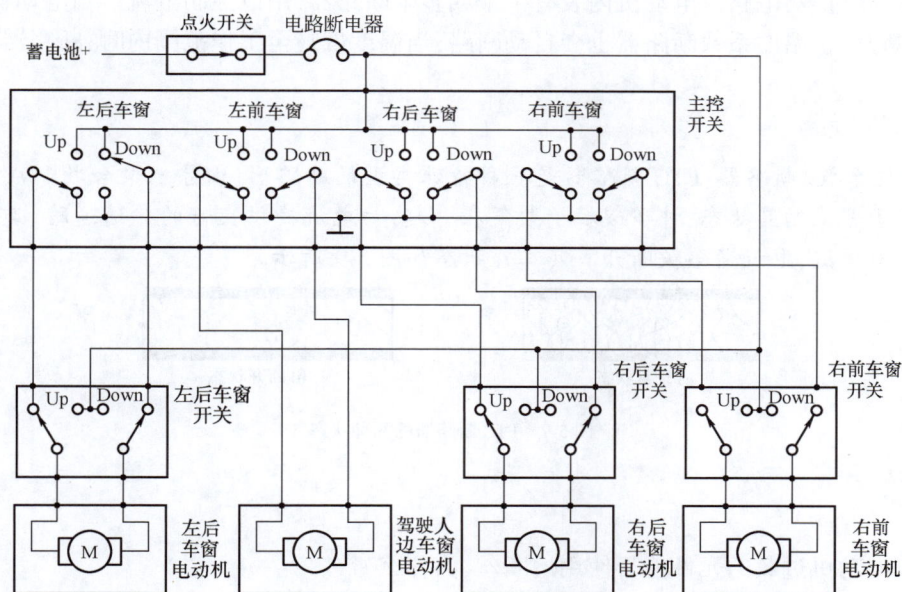

图5-7　由主控开关控制左后车窗的下降

蓄电池正极→点火开关→电路断路器→主控开关左后门窗 Down 触点→＿＿＿＿＿→电动机→＿＿＿＿＿→＿＿＿＿＿→搭铁。

比较车窗的上升和下降的过程,说明流经电动机的电流方向发生怎样的变化?

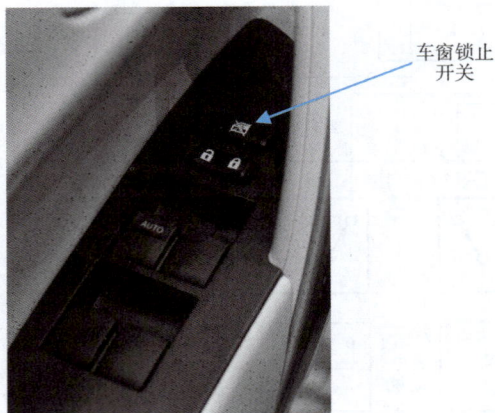

车窗锁止
开关

图 5-8　车窗锁止开关

除了操纵主控开关可以实现左后车窗的升降外,乘客是否能够通过操纵左后门窗的开关实现左后车窗的升降?

许多车型的车窗主控开关通过设置一个锁止开关,可以控制各分控开关,使之失去对相应门窗的操控能力,如图 5-8 所示。在图 5-6、图 5-7 中有没有设置这样的锁止开关?如果没有,则应在何处设置?请在图 5-6 中表示出来。

3. 当车窗完全关闭或由于结冰导致车窗不能自由运动时,如果继续接通开关使电动机通电,电动机会由于过载而烧毁。怎样避免出现这种情况?

为了防止电路过载,电路或电动机内装有一个或多个断路器,用以控制电流。当电动机过载时,即使车窗开关没有断开,正温度系数断路器也会自动断路,当温度恢复至工作范围内时,断路器自动复位。

📚 小词典

PTC(正温度系数)断路器:PTC 断路器是一种特殊类型的断路器,由导电聚合物制成。在正常状态下,该聚合物处于密集结晶状态,许多碳粒子聚集在一起,为电流提供良好的导通通路。在高温下,聚合物发生膨胀,打断碳链,电流通路被断开。其工作状态如图 5-9 所示。

a) 正常状态　　　　　　　　　b) 断开状态

图 5-9　PTC 断路器的两种状态

思考:防止电动机过载的元件能否使用熔断丝,为什么?

二、计划与实施

4.一辆卡罗拉轿车进厂修理。据车主反映使用电动车窗时,所有车窗玻璃无法升降。请你参照相应的维修资料,制订维修计划。

1)卡罗拉轿车电动车窗的就车检查

在检查前,点火开关置于 ON 位置。进行车窗锁止开关工作情况检查前,确保车窗锁止开关关闭(开关未按下),否则将无法检查前排乘客车窗和后窗。

(1)检查所有电动窗的手动操作功能。

① 将点火开关扭至 ON 位置。　　　　　　　　　　　　　　　　　　□是　　□否

② 操作电动车窗的主开关到 UP 位置,检查车窗玻璃是否升起。操作开关至 DOWN 位置时,检查车窗玻璃是否下降。　　　　　　　　　　　　　　　　　　　　　　　□是　　□否

③ 操作各车门电动车窗开关到 UP 位置,检查车窗玻璃是否升起。操作开关至 DOWN 位置时,检查车窗玻璃是否下降。　　　　　　　　　　　　　　　　　　　　　　　□是　　□否

(2)检查所有电动车窗的自动操作功能。

① 启动 AUTO DOWN 功能,按下主开关到 DOWN 位置,通过双重过滤后,车窗玻璃将完全打开。
　　　　　　　　　　　　　　　　　　　　　　　　　　　　　　　　□任务完成

② 启动 AUTO UP 功能,按下主开关到 UP 位置,通过双重过滤后,车窗玻璃将完全关闭。
　　　　　　　　　　　　　　　　　　　　　　　　　　　　　　　　□任务完成

③ 检查 AUTO UP 期间,按下主开关到 DOWN 位置时,车窗玻璃的工作将停止。　　□任务完成

④ 检查 AUTO DOWN 期间,按下主开关到 UP 位置时,车窗玻璃的工作将停止。　　□任务完成

通过对电动车窗的就车检查,请记录你发现的故障现象。

2)卡罗拉轿车电动车窗电路分析

卡罗拉轿车电动车窗电路图如图 5-10 所示。

在电路图中,电动车窗系统由主车身 ECU、车窗继电器、电动车窗主控开关、各分控开关、驾驶人侧车门电动机(带集成 ECU)、各乘客侧车门电动机等电器元件。对照图 5-10,对电动车窗各工作电路进行描述。

(1)车窗继电器控制电路描述。

主车身 ECU→3C 连接器的 56 端子→POWER 继电器→3C 连接器的 9 端子→EA 位置搭铁。

(2)车窗继电器主电路描述。

蓄电池电源→ALT 熔断丝→_____ →3B 连接器的 1 端子→_____ →

POWER 继电器→
FR 熔断丝→3C 连接器 1 端子→H10 总成 2 号端子,G5 的 3 端子。
POWER 熔断丝→3C 连接器 11 端子→_____。
RL 熔断丝→3E 连接器 6 端子→_____。
RR 熔断丝→3E 连接器 7 端子→_____。

通过车窗继电器,蓄电池电源输送至各开关的对应端子。

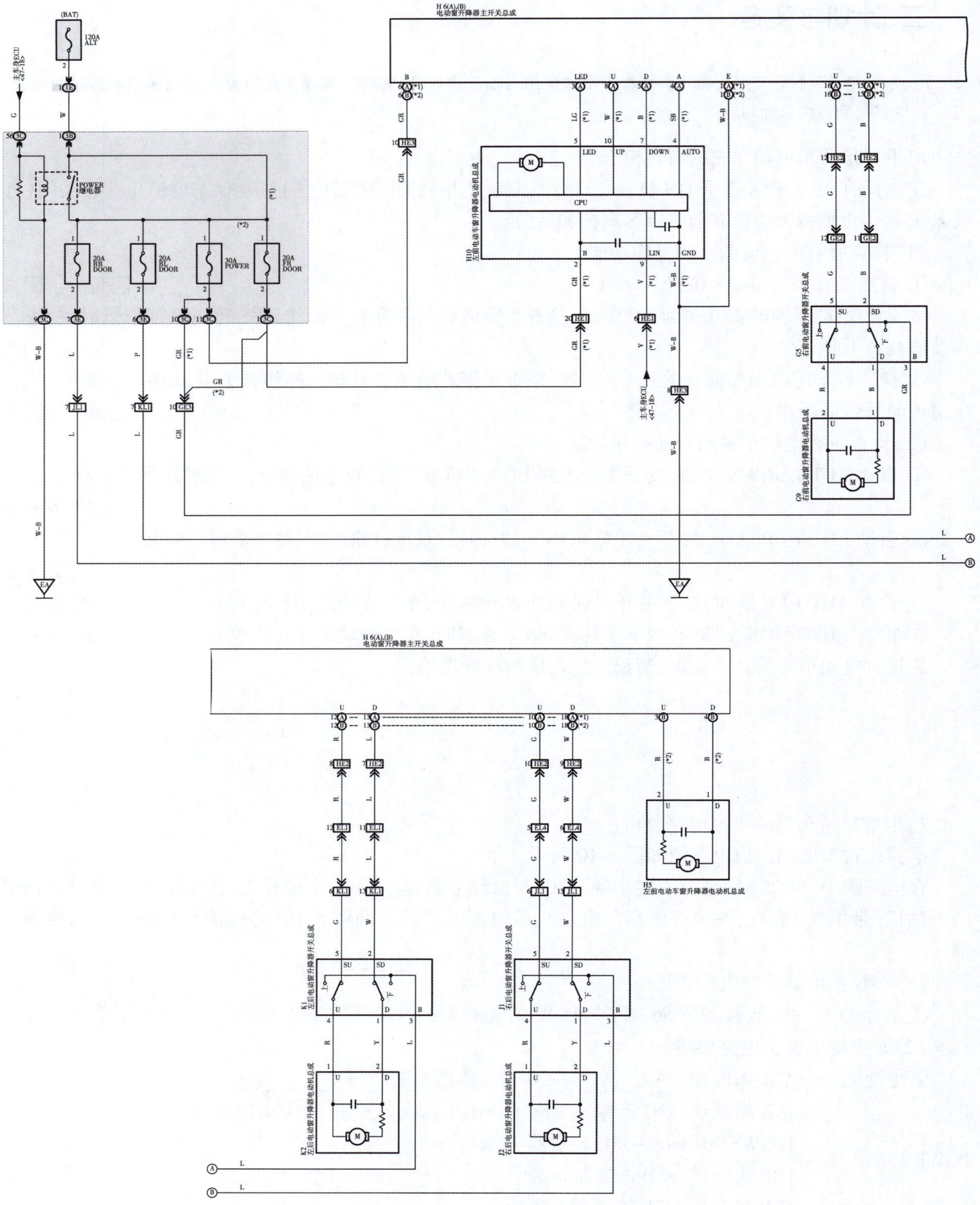

图 5-10　电动车窗电路图

📖 小提示

驾驶人侧电动车窗具有 Auto UP／DOWN、UP／DOWN 功能,所以不能通过对驾驶人侧开关的 UP／DOWN 的操作来检查导通性。

(3)右前电动车窗电路描述。

①使用 G5 开关控制车窗上升:G5 开关的 3 端子→G5 前排乘客侧开关接通 UP 位置,4 端子出→G9 的 2 端子→_____→G9 的 1 端子→G5 的 2 端子出→_____→H6 的 1 端子→EA 位置搭铁。

②使用 G5 开关控制车窗下降:G5 开关的 3 端子→G5 前排乘客侧开关接通 DOWN 位置,1 端子出→G9 的 1 端子→_____→G9 的 2 端子→G5 的 5 端子出→_____→H6 的 1 端子→EA 位置搭铁。

③使用 H6 主开关控制车窗上升:H6 开关的 16 端子→G5 的 5 端子→G5 的 4 端子→G9 的 2 端子→_____→G9 的 1 端子→G5 的 1 端子→G5 的 2 端子出→_____→H6 的 1 端子→EA 位置搭铁。

④使用 H6 主开关控制车窗下降:H6 开关的 15 端子→G5 的 2 端子→_____→G9 的 1 端子→右前电动车窗电动机→G9 的 2 端子→G5 的 4 端子→_____→H6 的 16 端子→H6 的 1 端子→EA 位置搭铁。

(4)左后、右后电动车窗的电路描述。

参考前排乘客侧电动车窗的电路,写出左后、右后电动车窗的电路。

①左后电动车窗电路描述:

②右后电动车窗电路描述:

通过分析卡罗拉轿车电动车窗的电路,你认为以下_____等因素会导致车窗玻璃无法升降?

A.电动车窗主开关损坏　　B.车窗电动机损坏　　C.线路故障　　　　D.点火开关损坏

请根据你的分析结论,针对故障制订相应的故障检修计划:

🚗 **5.实施计划,按专业要求独立或合作完成卡罗拉轿车的电动车窗的故障检修和元件更换。**

1)检查电动车窗主开关总成

H6 电动车窗主开关总成和 G5、K1、J1 电动窗升降器开关在车辆上的位置如图 5-11 所示。检查车窗开锁和锁止时,主开关的导通性参考表 5-1 和表 5-2,并将检查结论填写在表 5-3 中。

(1)用防护条拆卸工具拆下车门辅助拉手盖、前扶手总成,拆下电动车窗升降调节器主开关总成,如图 5-12 所示。

(2)断开连接器并拆下带前门扶手座面板的电动窗升降器主开关总成。

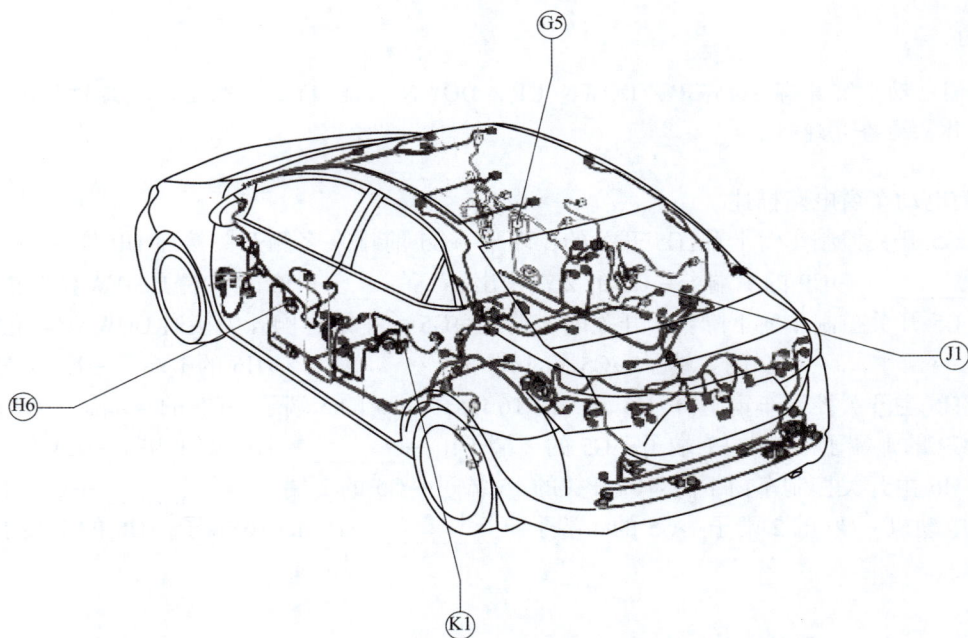

图 5-11　H6 电动车窗主开关总成和 G5、K1、J1 电动窗升降器开关位置

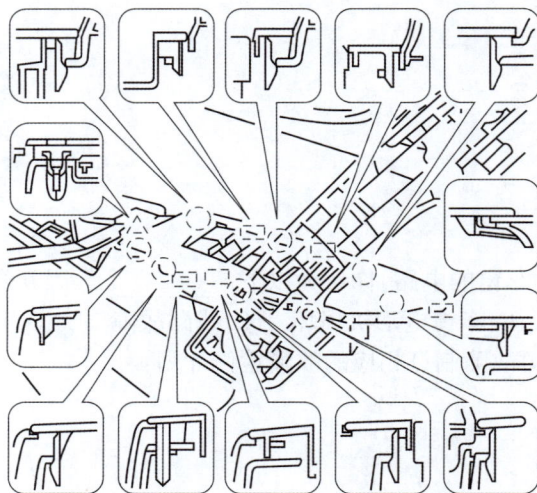

图 5-12　拆下电动车窗升降调节器主开关总成

小提示

　　因为不能通过对驾驶人侧主开关的 UP／DOWN 的操作来检查导通性，可以用基本功能检查判断操作功能的好坏。

　　（3）检查电动车窗主开关。检查连接器的各个端子之间的导通性并操作开关。卡罗拉轿车电动车窗主开关总成如图 5-13 所示。

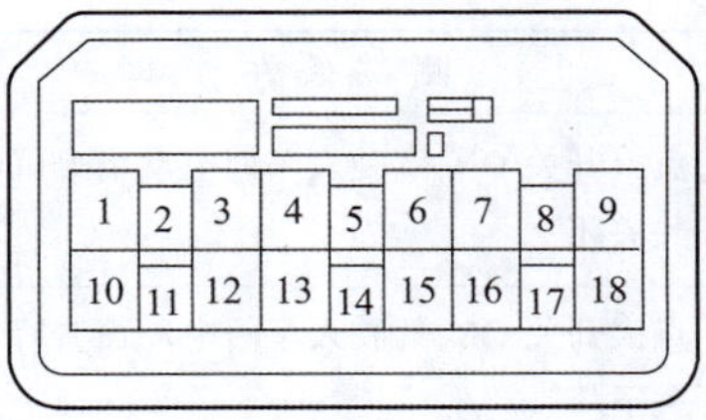

图 5-13　卡罗拉轿车电动车窗主开关总成

电动车窗主开关的导通性(不带防夹功能)　　　　　　　　　　　　　表 5-1

开关位置	驾驶侧测试仪连接	乘客侧测试仪连接	右后测试仪连接	左后测试仪连接	测试标准
AUTO-UP	4 (A)-1 (E) 8 (U)-1 (E)				小于 1Ω
AUTO-DOWN	4 (D)-6 (B) 3 (U)-1 (E)				小于 1Ω
UP	3 (U)-6 (B) 4 (D)-1 (E)	6 (B)-16 (U) 1 (E)-15 (D)	6 (B)-10 (U) 1 (E)-18 (D)	6 (B)-12 (U) 1 (E)-13 (D)	小于 1Ω
OFF	3 (U)-1 (E) 4 (D)-1 (E)	1 (E)-16 (U) 1 (E)-15 (D)	1 (E)-18 (D) 1 (E)-10 (U)	1 (E)-13 (D) 1 (E)-12 (U)	小于 1Ω
DOWN	4 (D)-6 (B) 3 (U)-1 (E)	1 (E)-16 (U) 6 (B)-15 (D)	6 (B)-18 (D) 1 (E)-10 (U)	6 (B)-13 (D) 1 (E)-12 (U)	小于 1Ω

如果结果不符合规定,则更换电动窗升降器主开关总成。

重新连接电动车窗升降器主开关总成并进行测量。

电动车窗主开关的开关功能检查　　　　　　　　　　　　　　　　表 5-2

检测仪连接情况	测试条件	测试标准
8 (U)-1 (E)	点火开关 ON,驾驶人车门电动窗升降器开关关闭	11 ~ 14 V
	点火开关 ON,驾驶人车门电动窗升降器开关上升 (自动上升位置)	低于 1 V
	点火开关 ON,驾驶人车门电动窗升降器开关上升 (手动操作)	低于 1 V
4 (A)-1 (E)	点火开关 ON,驾驶人车门电动窗升降器开关关闭	11 ~ 14 V
	点火开关 ON,驾驶人车门电动窗升降器开关上升 (自动上升位置)	低于 1 V
	点火开关 ON,驾驶人车门电动窗升降器开关下降 (自动下降位置)	低于 1 V

续上表

检测仪连接情况	测试条件	测试标准
5（D）-1（E）	点火开关 ON，驾驶人车门电动窗升降器开关关闭	11 ~ 14 V
	点火开关 ON，驾驶人车门电动窗升降器开关下降（自动下降位置）	低于 1 V
	点火开关 ON，驾驶人车门电动窗升降器开关下降（手动操作）	低于 1 V

电动车窗升降调节器开关总成的导通性　　　　　　　　　　　　表5-3

开 关 位 置	测试仪连接	条 件	检测结论
UP			
OFF			
DOWN			

如果结果不符合规定，则更换电动窗升降器主开关总成。

电动车窗升降调节器开关总成的导通性检测见表5-3。

2）检查其他电动车窗升降器开关总成

查阅维修手册，完成电动车窗升降调节器开关总成的检测工作（图5-14），并记录检测结果。

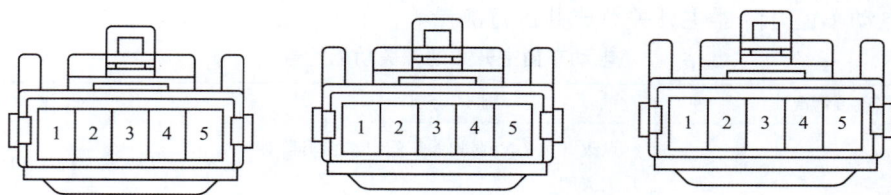

图5-14　卡罗拉轿车电动车窗升降调节器开关总成

3）检测电动车窗电动机总成

（1）拆卸电动机，查阅维修手册，以左前电动车窗电动机总成为例。

①点火开关至于 OFF 位置，断开蓄电池负极端子。

②拆卸车门辅助拉手盖、拆下前扶手总成。

③拆卸带前门扶手座面板的电动窗升降器主开关总成、门控灯总成。

④拆卸前门下门框支架装饰条、前门装饰板分总成、前门检修孔盖，如图5-15、图5-16 所示。

⑤拆卸前门玻璃总成。

a. 连接蓄电池负极（-）端子电缆，连接电动窗升降器主开关总成，并移动前门玻璃分总成以便能看到车门玻璃螺栓。

b. 断开蓄电池负极（-）端子电缆，断开电动窗升降器主开关总成。

c. 拆下 2 个螺栓。

d. 按图5-17 所示，如图中箭头所示顺序拆下前门玻璃分总成。

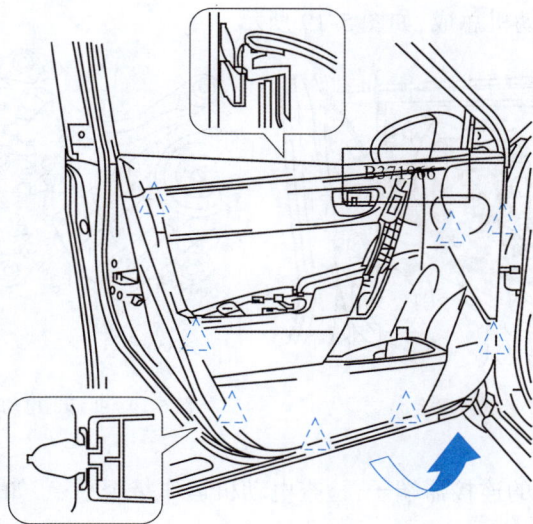

图 5-15　拆下前面饰板总成

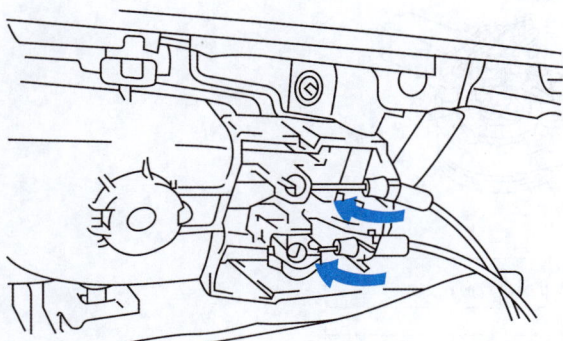

图 5-16　断开前门所致遥控拉索总成和前门内侧锁止
　　　　　拉索总成

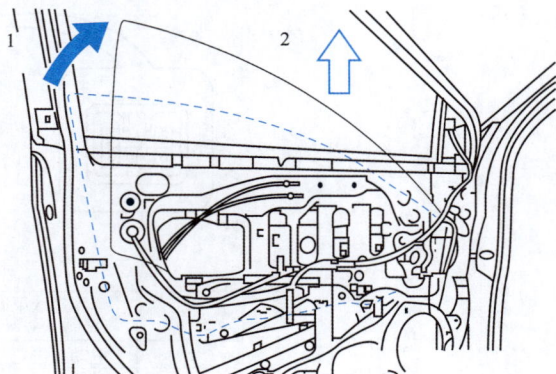

图 5-17　拆下前门玻璃分总成

小提示

在门板处放一块抹布,防止刮伤玻璃。

⑥拆卸前门窗升降器总成。

a.断开连接器。

b.松开临时螺栓,如图 5-18 所示。

小提示

不要拆下临时螺栓。如果拆下临时螺栓,前门窗升降器总成可能掉落并造成损坏。

c.拆下 5 个螺栓,并拆下前门窗升降器总成。

d.从前门窗升降器总成上拆下临时螺栓。

⑦拆卸电动窗升降器电动机总成。使用"TORX"梅花套筒扳手 T25,从前门窗升降器分总成上拆下

3 个螺钉和前电动窗升降器电动机总成,如图 5-19 所示。

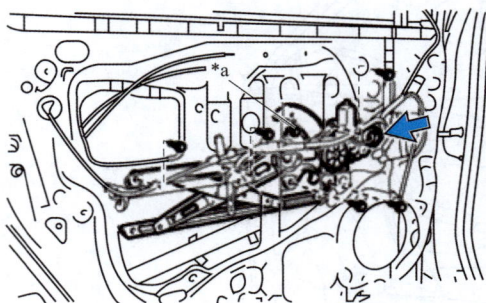

图 5-18　松开临时螺栓

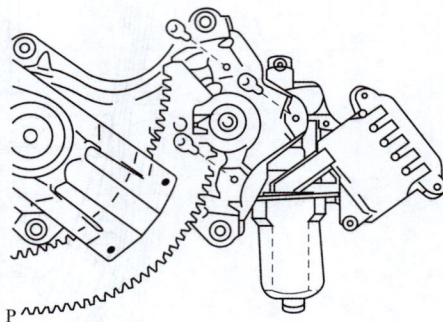

图 5-19　拆卸前电动窗升降器电动机总成

（2）检查电动机总成。

将蓄电池电压施加到对应的连接器端子,检查电动机运作是否平稳,如图 5-20 所示。将检查结果填写在表 5-4 中。

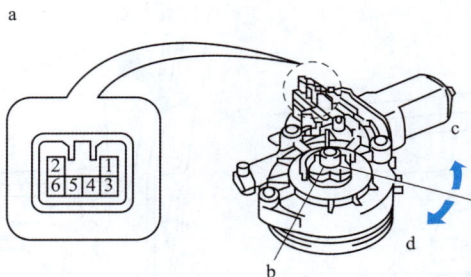

a	未连接线束的零部件 (左侧电动窗升降器电动机总成)
b	电动机齿轮
c	逆时针
d	顺时针

图 5-20　检查电动机总成

检查电动机总成　　　　　　　　　　　　　　　　　　表 5-4

测 量 条 件	操 作 方 向	检 查 结 论
蓄电池正极（＋）→ 端子 2 蓄电池负极（－）→ 端子 1	电动机齿轮顺时针旋转	
蓄电池正极（＋）→ 端子 1 蓄电池负极（－）→ 端子 2	电动机齿轮逆时针旋转	

小提示

不要将蓄电池引线连接至除端子 1 和 2 外的任何端子。

如果结果不符合规定,则更换左侧电动窗升降器电动机总成。

4）检查电动车窗线路

检查步骤请参照电路原理图、布线图执行。

完成元件和电路检测后,请将检测结论填写在表5-5中,并确定需要更换的元件。

车窗玻璃无法升降故障诊断表　　　　　　　　　　　表5-5

元件/线路	电动车窗主开关	电动窗升降调节器开关	电动机总成	电动车窗线路
故障部位				

5）故障排除

电动车窗元件更换,参照维修手册执行。

故障排除后,重新进行就车检查,确认故障是否排除。

6）初始化电动车窗控制系统

🗂 小提示

　　更换门窗升降器总成、电动窗升降器电动机总成（驾驶人车门）、车门玻璃或车门玻璃升降槽时,必须初始化电动窗控制系统。如果未进行初始化,则自动升降功能、防夹功能和钥匙关闭操作功能等将不工作。

以更换电动车窗电动机总成后,初始化方法为例:

（1）连接蓄电池并将点火开关置于ON位置。

（2）完全按下电动窗升降器主开关总成以完全打开电动窗,并在车窗完全打开后按住开关1s或更长时间。

（3）完全拉起电动窗升降器主开关总成以完全关闭电动窗,并在车窗完全关闭后按住开关1s或更长时间以重置玻璃位置并完成初始化。

🗂 小提示

　　在初始化期间,禁用其他电子系统。供应给电动车窗电动机的电源电压下降时,初始化将中断。

不同车型的防夹电动车窗的初始化操作,需要参见维修手册进行操作。

查阅维修手册,完成表5-6卡罗拉轿车电动车窗的故障症状表。通过小组讨论,简要陈述当电动车窗出现其他故障时的排除步骤。

卡罗拉轿车电动车窗故障症状表　　　　　　　　　　　表5-6

症　　状	故障可能发生部位

三、评价反馈

1. 使用（维修）案例分析

一客户反映,自己驾驶的卡罗拉轿车出现电动后视镜无法调整的故障,请你完成对电动后视镜的工作过程的分析,并正确回答问题。电动后视镜电路图如图 5-21 所示。

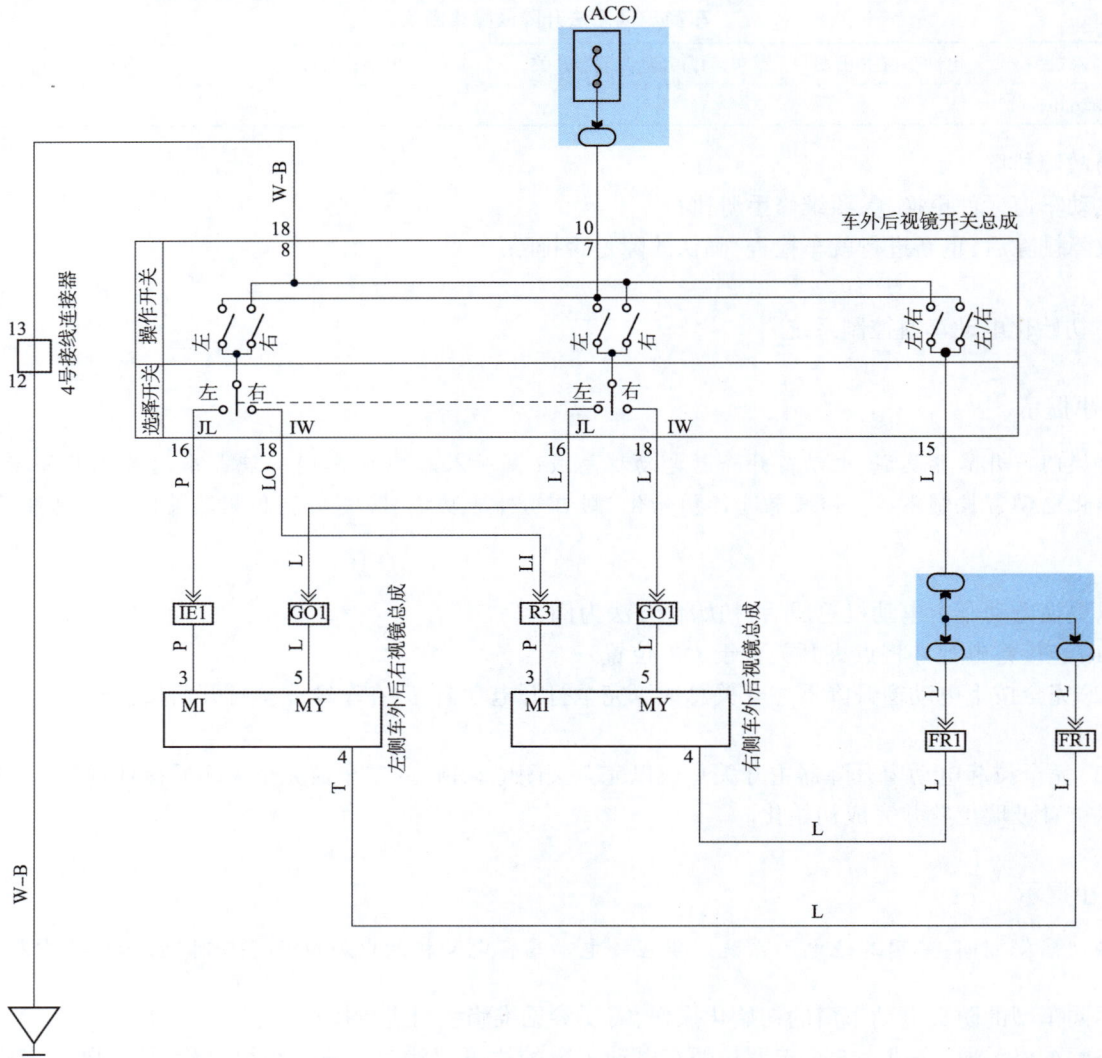

图 5-21 电动后视镜电路图

（1）小组讨论,在教师指导下,写出电动后视镜的工作回路。

（2）根据你的体会,说明电动后视镜和电动车窗的工作过程有什么异同。

2. 学习自测题

（1）电动车窗组成部分包括(　　　　)。

    A. 车窗电动机　　　　　　　　　　　B. 车窗升降器

    C. 防夹开关　　　　　　　　　　　　D. 电动车窗主开关

（2）以下(　　　　)等因素会导致车窗玻璃无法升降。

    A. 电动车窗主开关损坏　　　　　　　B. 车窗电动机故障

    C. 线路故障　　　　　　　　　　　　D. 点火开关损坏

（3）电动车窗上升和下降的过程中,流经车窗电动机的电流方向相反。(　　　　)

    A. 正确　　　　　　　　　　　　　　B. 错误

（4）可以通过检查连接器端子的导通性判断电动车窗主开关的性能。(　　　　)

    A. 正确　　　　　　　　　　　　　　B. 错误

（5）防夹电动车窗在车窗的升降范围内都有防夹功能。(　　　　)

    A. 正确　　　　　　　　　　　　　　B. 错误

3. 维修信息获取练习

查阅维修手册,列出卡罗拉轿车电动后视镜的故障症状表。

4. 学习目标达到程度的自我检查(表5-7)

自 我 检 查 表　　　　　　　　　　　　　　　　　　　表5-7

序　号	学习目标	达到情况(在相应的选项后打"√")		
		能	不能	如果不能,是什么原因
1	叙述电动车窗的组成、功能			
2	分析电动车窗的工作过程			
3	识读常规车型电动车窗电路,查找相关资料,分析电动车窗故障的原因			
4	实施计划,按专业要求独立或合作完成电动车窗的电路检修和元件更换			
5	初始化防夹电动车窗			

5. 日常表现性评价（由小组长或者组内成员评价）

(1) 工作页填写情况。（　　　　）

    A. 填写完整　　　　　　　　　　　　　　B. 缺失 0 ~ 20%

    C. 缺失 20% ~ 40%　　　　　　　　　　D. 缺失 40% 以上

(2) 工作着装是否规范？（　　　　）

    A. 穿着校服（工作服），佩戴胸卡　　　　B. 校服或胸卡缺失一项

    C. 偶尔会既不穿校服又不戴胸卡　　　　D. 始终未穿校服、佩戴胸卡

(3) 能否主动参与工作现场的清洁和整理工作？（　　　　）

    A. 积极主动参与 5S 工作　　　　　　　B. 在组长的要求下能参与 5S 工作

    C. 在组长的要求下能参与 5S 工作，但效果差　　D. 不愿意参与 5S 工作

(4) 操作汽车举升器或起动发动机时，有无进行安全检查并警示其他同学？（　　　　）

    A. 有安全检查和警示　　　　　　　　　B. 有安全检查，无警示

    C. 无安全检查，有警示　　　　　　　　D. 无安全检查，无警示

(5) 是否达到全勤？

    A. 全勤　　　　　　　　　　　　　　　B. 缺勤 0 ~ 20%（有请假）

    C. 缺勤 0 ~ 20%（旷课）　　　　　　　D. 缺勤 20% 以上

(6) 总体印象评价。（　　　　）

    A. 非常优秀　　　　　　　　　　　　　B. 比较优秀

    C. 有待改进　　　　　　　　　　　　　D. 急需改进

(7) 其他建议：

小组长签名：_____　　　　　　_____年_____月_____日

6. 教师总体评价

(1) 对该同学所在小组整体印象评价。（　　　　）

    A. 组长负责，组内学习气氛好

    B. 组长能组织组员按要求完成学习任务，个别组员不能达到学习目标

    C. 组内有 30% 以上的学员不能达到学习目标

    D. 组内大部分学员不能达到学习目标

(2) 对该同学整体印象评价：

_____

_____

_____。

教师签名：_____　　　　　　_____年_____月_____日

学习任务 6　汽车仪表系统的检测与维修

学习目标

完成本学习任务后,你应当能:

1. 知道汽车仪表系统的各组成部件;
2. 叙述汽车仪表系统各组成部件的功能;
3. 借助相关资料,拆装汽车仪表系统各元件;
4. 识读车辆仪表系统电路,分析汽车仪表系统工作过程;
5. 实施计划,按专业要求独立或合作完成门控灯的检测工作;
6. 合作制订其他仪表的故障诊断、维修计划。

建议完成本学习任务为 8 学时

内容结构

汽车仪表板的结构和功能

拆卸、安装汽车仪表板

汽车仪表系统的检测与维修

检查门控灯

常见仪表、指示灯的工作原理

仪表系统电路检修

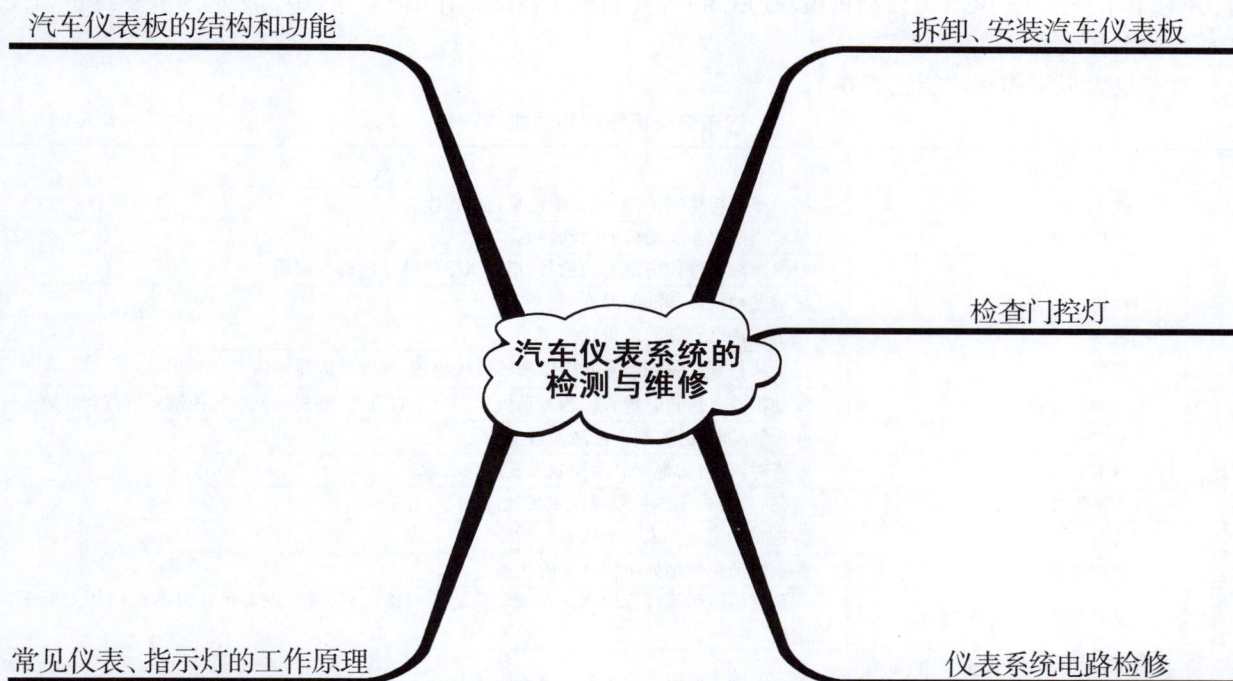

学习任务描述

请按专业水平对汽车仪表系统进行检查,如有必要请维修或更换仪表板,解决仪表系统的故障。

为了使驾驶人及时获取汽车各系统工作状况,了解汽车相关信息,在驾驶人前方装有由各种仪表、指示灯和警示灯组成的仪表板。汽车上常见的仪表板分为组合仪表和集成仪表两类。

一、学习准备

1.汽车仪表板由哪些部分组成？各部分组件分别实现什么功能？

汽车常见的组合仪表如图6-1所示。

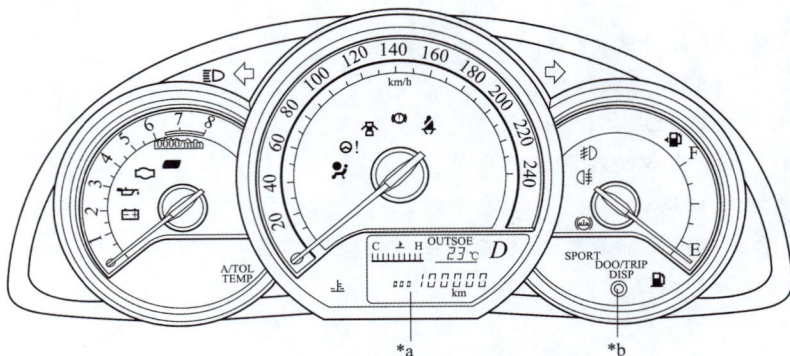

图6-1　汽车组合仪表结构（2014 款卡罗拉）

仪表系统的工作原理：仪表系统在接收到各个传感器、继电器、开关等传来的信号，点亮相应的指示灯，并对主车身模块（BCM）、发动机模块（ECM）等控制单元输出工作信号。图6-2所示为卡罗拉轿车仪表系统的工作流程。

汽车仪表板结构和功能见表6-1。

汽车仪表板结构和功能　　　　　　　　　　　　　　　　表6-1

结 构 组 成		功　　能
仪表	车速表	根据车速传感器的信号，显示汽车行驶速度
	发动机转速表	显示当前汽车发动机的曲轴转速
	燃油表	根据燃油箱液位传感器的信号，指示汽车燃油箱内的燃油量
	发动机冷却液温度表	显示发动机冷却液的温度
	里程表	记录车辆已行驶的总里程
	区间里程表	记录从行程里程表归零开始以来的行驶里程，通常最大显示值为999.9km
警告灯（红色或黄色）	发动机故障指示灯	发动机整车运转时熄灭。若发动机运转后该灯点亮，则提示发动机控制系统存在故障
	制动警告灯	驻车制动起作用；制动液液面过低
	ABS 警告灯	常亮时，警告防抱死制动控制系统出现故障
	SRS 警告灯	常亮时，警告 SRS 控制系统出现故障
	门控灯	警告有车门处于未关闭状态
	燃油液位警告灯	警示燃油箱燃油处于快耗尽的状态
	发动机机油压力低警告灯	发动机运转时该灯应熄灭。若发动机运转时该灯亮，警告发动机此时的机油压力低于规定值
	驾驶人侧座椅安全带未系警告灯	警示驾驶人此时处于未系安全带的状态
	充电警告灯	发动机运转时该灯应熄灭。若发动机运转时该灯亮，警告发动机充电系统出现故障
指示灯	转向指示灯	指示汽车转向信号灯"向左"或"向右"闪烁的状态；指示按下危险警告开关状态
	远光灯指示灯	指示汽车前照灯为远光的状态
	挡位指示灯（AT）	指示自动变速器换挡手柄所处的挡位：D、N、R 或 P
	前雾灯开启指示灯	指示汽车前雾灯处于打开的状态
	后雾灯开启指示灯	指示汽车后雾灯处于打开的状态

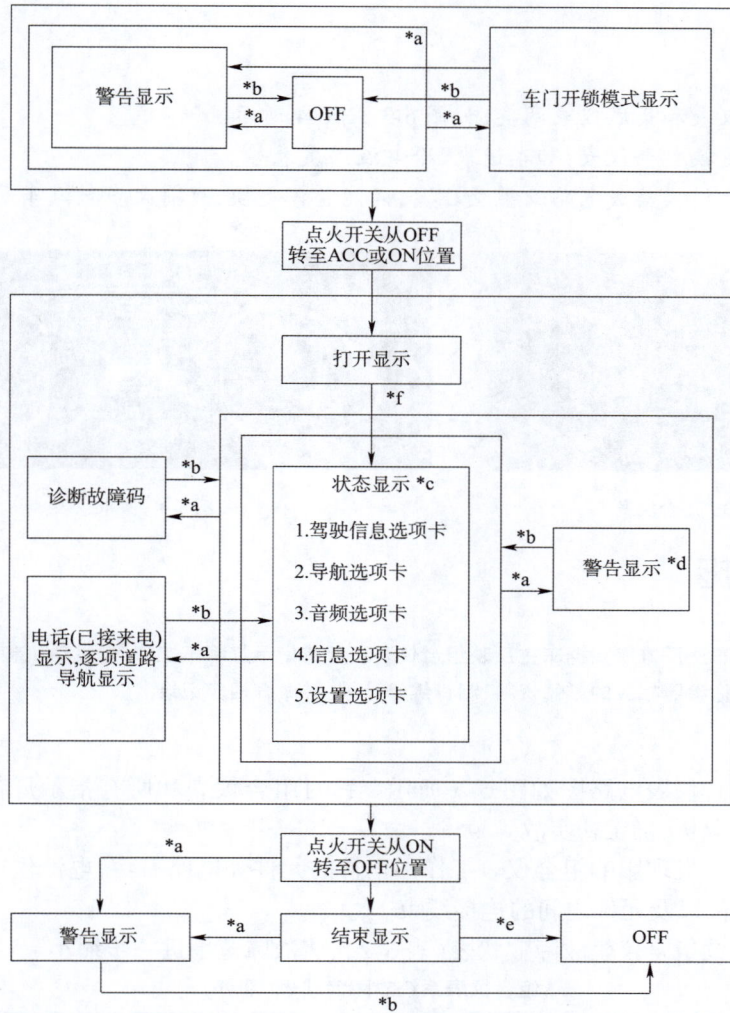

图6-2 卡罗拉轿车仪表系统工作流程

参照卡罗拉轿车用户手册,在卡罗拉轿车的仪表板上辨别各种仪表、警告灯和指示灯。

请在以下空白位置,画出发动机冷却液温度表和燃油表,写下并说明表盘符号的含义。

小提示

仪表板分为组合仪表和集成仪表两类,如图6-3、图6-4所示。

组合仪表可单独更换单个仪表,如车速表、冷却液温度表等。

集成仪表内装有大规模集成电路及微处理器,只能整体更换,目前大多数汽车采用集成仪表。

图6-3　组合仪表

图6-4　集成仪表

二、计划与实施

2. 一辆卡罗拉轿车进厂维修。据车主反映组合仪表和所有指示灯都不工作,但发动机和其他车身电气设备均能正常工作。请你参照相应的维修资料,制订维修计划,并做好相应记录。

1)故障范围分析

查看维修材料,组合仪表电路图如图6-5所示。针对组合仪表和所有指示灯都不工作这一故障现象,小组合作进行电路分析,确定初步故障范围。

通过阅读电路图,可发现影响组合仪表工作不正常的元件和电路有:蓄电池供电、仪表熔断丝、ECU-B熔断丝、组合仪表元件以及元件之间的连接线束。

查阅维修资料,阅读组合仪表故障症状表(表6-2),将故障范围进一步缩小。

组合仪表系统故障症状表(部分)　　　　　　　　　　表6-2

故障范围	症　状	故障可能发生部位
整个系统	整个仪表不工作	电源电路
仪表	速度表故障	速度表电路
	转速表故障	转速表电路
	燃油表故障	燃油表电路
	发动机冷却液温度表故障	发动机冷却液温度表电路
警告指示灯	检查发动机警告灯故障	组合仪表 MIL电路 组合仪表总成
	充电警告灯不亮	组合仪表 线束或连接器 发动机 组合仪表总成
	……	……

通过分析,可以将故障范围缩小至组合仪表的电源电路或组合仪表故障。

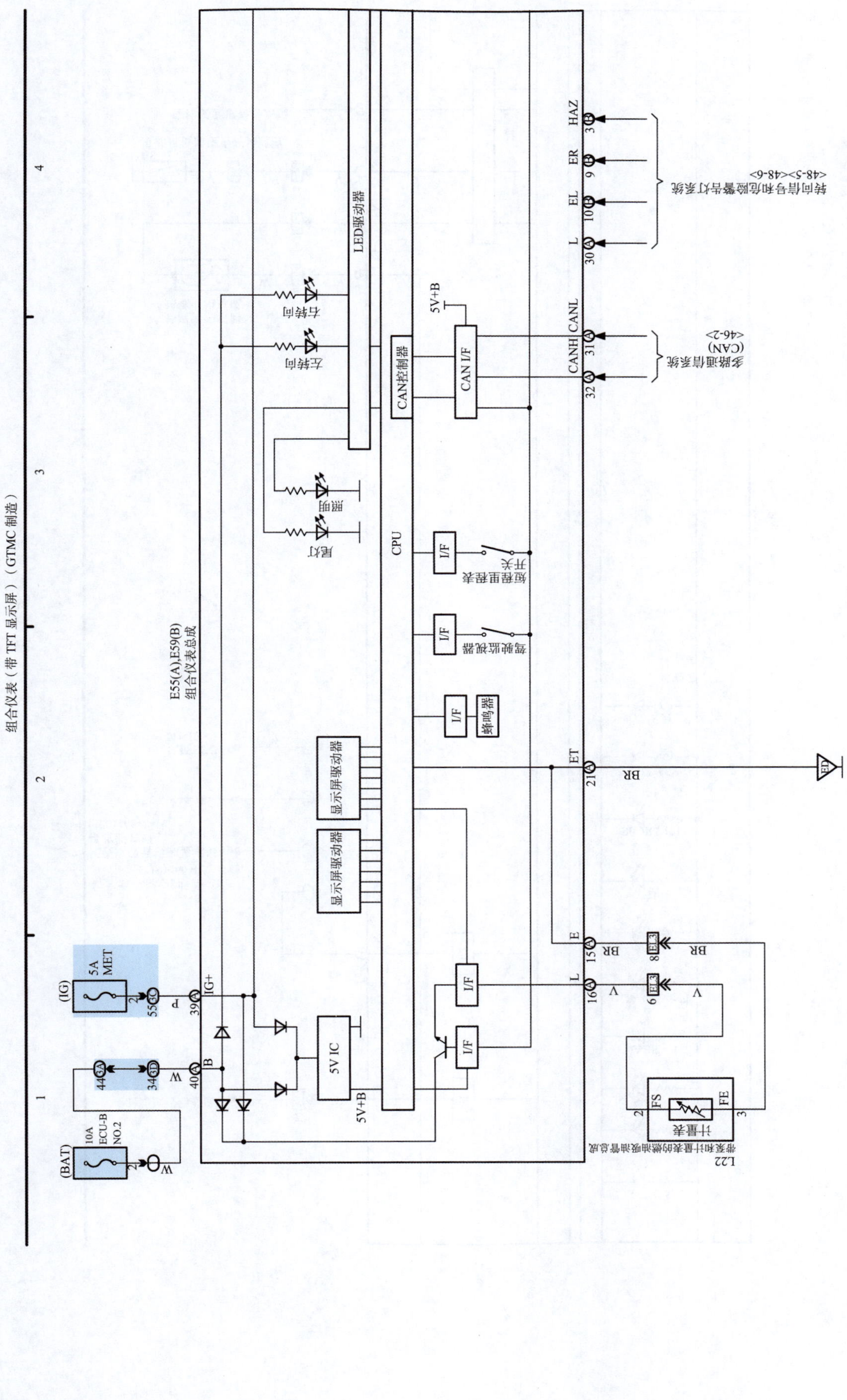

组合仪表（带 TFT 显示屏）（GTMC 制造）
(BAT)
10A ECU-B NO.2
(IG)
5A MET
E55(A),E59(B) 组合仪表总成
IG+
B
5V IC
5V+B
I/F
显示屏驱动器
CPU
蜂鸣器
驾驶监视器
短程里程表开关
尾灯
照明
左转向
右转向
LED驱动器
CAN控制器
CAN I/F
5V+B
CANH
CANL
多路通信系统 (CAN) <46-2>
L
EL
ER
HAZ
转向信号和危险警告灯系统 <48-5><48-6>
ET
BR
L22 带泵和计量表的燃油吸油管总成
计量表
FS
FE
EL3

a)

图 6-5

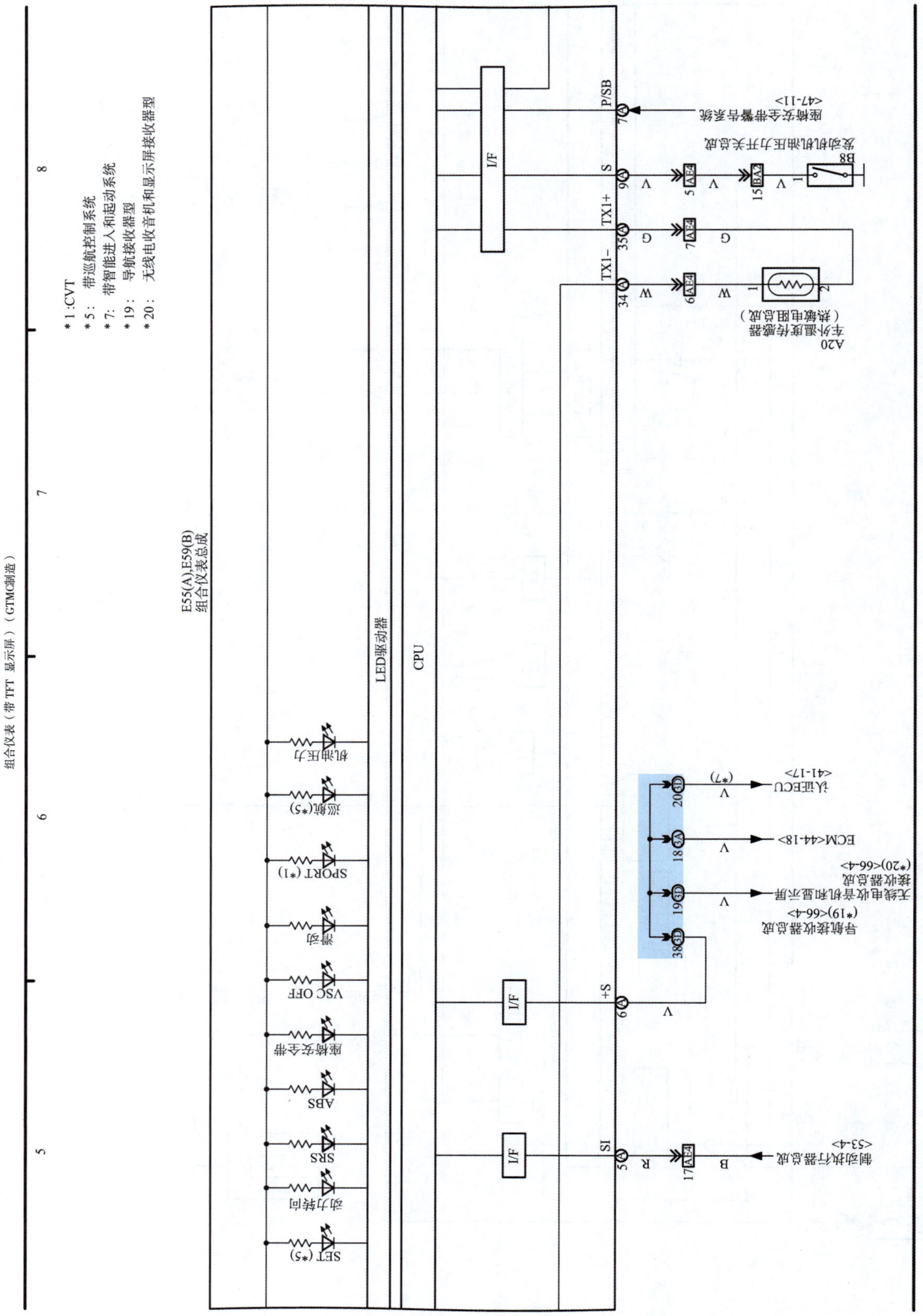

组合仪表（带 TFT 显示屏）（GTMC 制造）

E55(A),E59(B)
组合仪表总成

LED驱动器

CPU

I/F

*1：CVT
*5：带巡航控制系统
*7：带智能进入和起动系统
*19：导航接收器型
*20：无线电收音机和显示屏接收器型

机油压力
巡航(*5)
SPORT(*1)
充电
VSC OFF
图标字未定
ABS
SRS
动力转向
SET(*5)

P/SB
图标字未定接收器型 <47-11>

S
发动机机油压力开关总成 B8

TX1+
TX1−

A20
车外温度传感器
（带收音机图标字）

iK进E ECU <41-17> (*7)

ECM <44-18>

无线电收音机和显示屏 <66-4>
接收器总成 (*20)

导航接收器总成 <66-4>
(*19)

+S

IS
被动环行器总成 <53-4>

图 6-5 b)

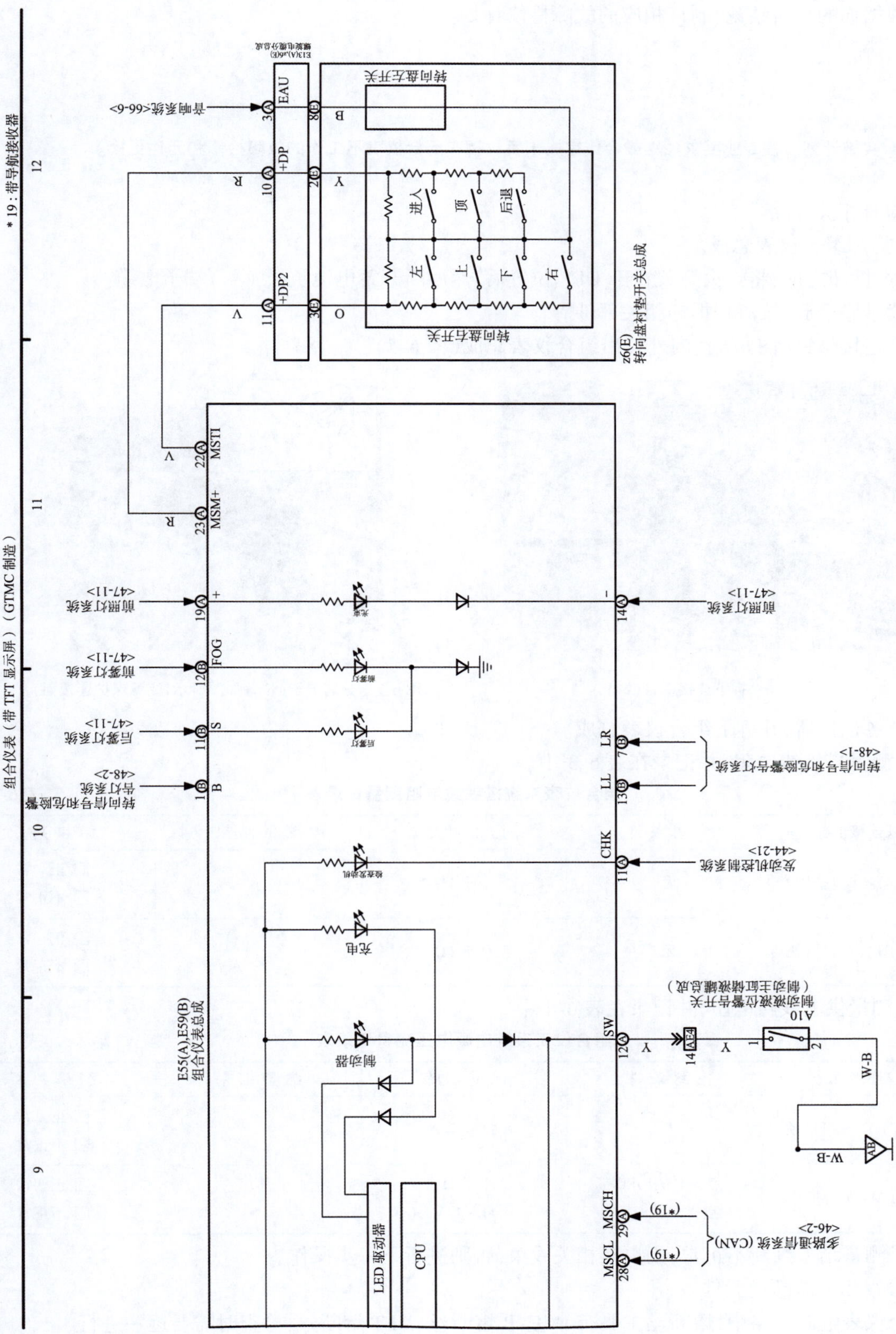

图6-5　组合仪表电路图

请根据你的分析结论,制订相应的故障检修计划:

3. 实施计划。 按专业要求独立或合作完成卡罗拉轿车组合仪表不工作的故障检修和元件更换。

1)检查相关线路

(1)拆卸组合仪表总成。

注意:拆卸之前,将点火开关置于 OFF 位置后,然后断开蓄电池负极（－）端子电缆。

阅读维修手册,按流程拆卸相关部件。

拆下连接螺钉(图6-6),向外拉出组合仪表总成(图6-7)。

图6-6　拆下连接螺钉(2 个)

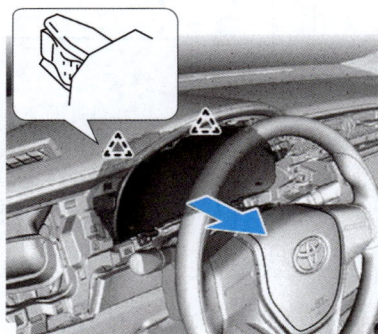

图6-7　分离卡子(位置如图所示,注意保护连接面)

断开各连接器,并拆下组合仪表总成。

(2)测量搭铁线电阻,并记录在表6-3 中。

组合仪表系统搭铁线电阻测量记录表　　　　　　　　　　　　　　　　表6-3

检测仪连接情况	检 测 条 件	标 准 状 态	测 量 结 果	结 果 判 断
E55-12(-)- 车身搭铁	无	小于1Ω		□ 正　常 □ 不正常
E55-21（ET）- 车身搭铁	无	小于1Ω		□ 正　常 □ 不正常

(3)测量供电线路电压,并记录在表6-4 中。

组合仪表系统电源电压测量记录表　　　　　　　　　　　　　　　　表6-4

检测仪连接情况	检 测 条 件	标 准 状 态	测 量 结 果	结 果 判 断
E55-40(B＋)- 车身搭铁	无	11～14V		□ 正　常 □ 不正常
E55-39 (IG)- 车身搭铁	点火开关 OFF 点火开关 ON	小于1Ω 11～14V		□ 正　常 □ 不正常

如果测量结果判断不正常,则更换相关线束,否则进行下一步操作。

2)检查相关熔断丝元件

组合仪表电源电路中,熔断丝主要有 ECU-B 熔断丝、MET 熔断丝,检查时需要逐一进行。

（1）拆下 ECU-B 熔断丝,其位置如图 6-8 所示。

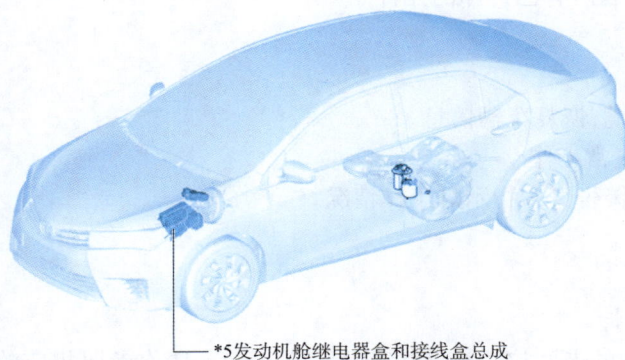

*5发动机舱继电器盒和接线盒总成

图6-8　发动机舱继电器盒和接线盒总成

（2）拆下 MET 熔断丝,其位置如图 6-9 所示。

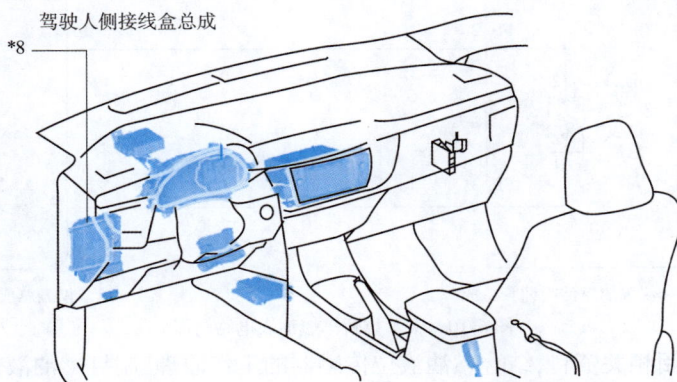

驾驶人侧接线盒总成

*8

图6-9　驾驶人侧接线盒总成

（3）使用万用表检查两个熔断丝是否正常导通,并记录在表 6-5 中。如果熔断丝熔断,需要找出熔断原因。

熔断丝元件测量记录表　　　　　　　　　　　　　　　　　　　　表6-5

检测仪连接情况	检测条件	标准状态	测量结果	结果判断
ECU-B	无	小于1Ω		□ 正　常 □ 不正常
MET	无	小于1Ω		□ 正　常 □ 不正常

📘 **小提示**

熔断丝熔断的原因有疲劳损坏和过载两种,如果是疲劳损坏,则只需要更换熔断丝即可;如果是过载损坏,则需要用万用表查找到线路短路点,并排除短路故障,才可以更换熔断丝。

3）故障排除及复位检查

（1）参照维修手册，安装所有已拆卸的元件。

①安装组合仪表总成。

②接上连接器。

③连接蓄电池负极电缆，恢复车辆信息。

（2）检查仪表板是否正常工作。

检查仪表照明、仪表、警告灯和指示灯工作情况。

三、评价反馈

1. 使用（维修）案例分析

一客户反映，自己驾驶的卡罗拉轿车燃油表显示不正确。请你参照相应的维修资料，完成对燃油表工作过程的分析，并正确回答下列问题。

（1）通过图6-10燃油表电路简图，分析故障可能发生的部位。

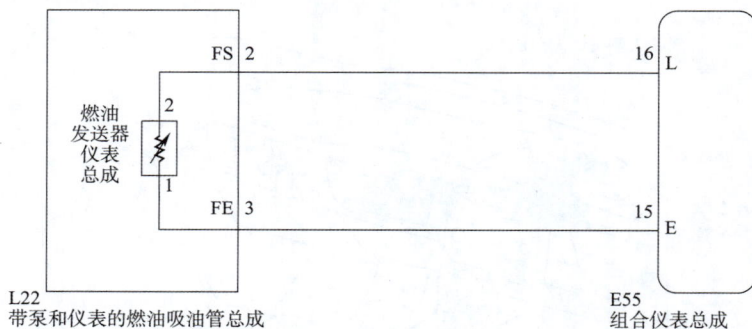

图6-10　卡罗拉轿车燃油表电路简图

（2）参考图6-11，查阅相关资料，结合燃油液位传感器的工作原理，制订燃油液位传感器的检修计划。

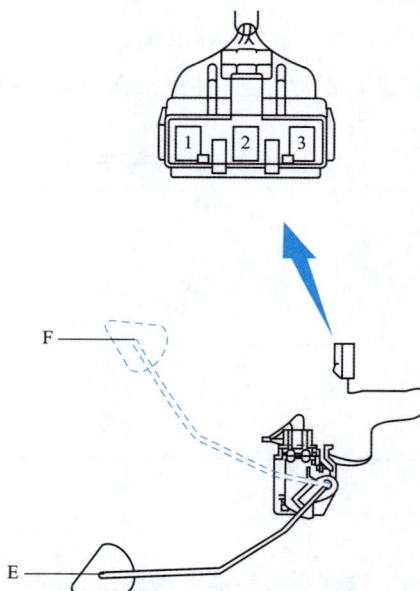

图6-11　卡罗拉轿车燃油液位传感器

检查燃油表传感器总成时,需要确认浮子在"F"和"E"之间能平滑移动。

燃油液位传感器为带浮子的滑片式电阻器,浮子的高度始终与燃油液位保持一致。检测连接器端子,并将结果记录在表6-6中。

燃油表传感器电阻测量检查　　　　　　　　　　　　　　表6-6

检测仪连接情况	浮子室液位高度	规定状态	测量结果	结果判断
1－2	F	13.5~16.5 Ω		□正常 □不正常
	F和E之间	13.5~414.5 Ω(渐变)		
	E	405.5~414.5 Ω		

如果结果不符合规定,则更换燃油表传感器总成。

燃油液位传感器的检修计划:

2.学习自测题

(1)仪表系统包括(　　)。

　A.仪表　　　　　B.警告灯　　　　　C.指示灯　　　　　D.传感器

(2)燃油液位传感器电阻越大,则燃油表显示油箱油量越满。(　　)

　A.正确　　　　　B.错误

(3)组合仪表可单独更换单个仪表。(　　)

　A.正确　　　　　B.错误

(4)行李舱开关可以控制门控灯点亮。(　　)

　A.正确　　　　　B.错误

3.维修信息获取练习

查阅维修手册,拟订卡罗拉轿车机油压力警告灯常亮的故障诊断方案。

4. 学习目标达到程度的自我检查（表6-7）

自 我 检 查 表

表6-7

序　　号	学　习　目　标	达到情况（在相应的选项后打"√"）		
1	叙述汽车仪表板的结构组成和功能	能	不能	如果不能，是什么原因
2	分析常见仪表、指示灯的工作原理			
3	拆卸和安装汽车仪表板			
4	实施计划，按专业要求独立或合作完成门控灯的检测工作			
5	合作制订其他仪表的故障诊断、维修计划			

5. 日常表现性评价（由小组长或者组内成员评价）

（1）工作页填写情况。（　　　）

    A. 填写完整　　　　　　　　　　　　B. 缺失 0 ~ 20%

    C. 缺失 20% ~ 40%　　　　　　　　D. 缺失 40% 以上

（2）工作着装是否规范？（　　　）

    A. 穿着校服（工作服），佩戴胸卡　　B. 校服或胸卡缺失一项

    C. 偶尔会既不穿校服又不戴胸卡　　D. 始终未穿校服、佩戴胸卡

（3）能否主动参与工作现场的清洁和整理工作？（　　　）

    A. 积极主动参与 5S 工作　　　　　　B. 在组长的要求下能参与 5S 工作

    C. 在组长的要求下能参与 5S 工作，但效果差　　D. 不愿意参与 5S 工作

（4）操作汽车举升器或起动发动机时，有无进行安全检查并警示其他同学？（　　　）

    A. 有安全检查和警示　　　　　　　　B. 有安全检查，无警示

    C. 无安全检查，有警示　　　　　　　D. 无安全检查，无警示

（5）是否达到全勤？（　　　）

    A. 全勤　　　　　　　　　　　　　　B. 缺勤 0 ~ 20%（有请假）

    C. 缺勤 0 ~ 20%（旷课）　　　　　　D. 缺勤 20% 以上

（6）总体印象评价。（　　　）

    A. 非常优秀　　　　　　　　　　　　B. 比较优秀

    C. 有待改进　　　　　　　　　　　　D. 急需改进

（7）其他建议：

小组长签名：＿＿＿＿＿＿＿＿＿＿＿＿＿＿＿　　　＿＿＿＿＿＿年＿＿＿＿＿＿月＿＿＿＿＿＿日

6. 教师总体评价

（1）对该同学所在小组整体印象评价。（　　　）

    A. 组长负责，组内学习气氛好

    B. 组长能组织组员按要求完成学习任务，个别组员不能达到学习目标

    C. 组内有 30% 以上的学员不能达到学习目标

    D. 组内大部分学员不能达到学习目标

（2）对该同学整体印象评价：

_____

_____

_____ 。

教师签名：_____　　　_____年_____月_____日

学习拓展

卡罗拉轿车仪表板常见故障症状（表6-8、表6-9）

卡罗拉轿车仪表故障症状表　　　　　　　　　　　　表6-8

症　状	可　疑　部　位
整个组合仪表总成不工作	电源电路
车速表故障	车速表电路
转速表故障	转速表电路
燃油表显示故障（燃油表当前发生故障或以前发生过故障）	燃油表显示电路
发动机冷却液温度表故障	发动机冷却液温度表电路

卡罗拉轿车警告或指示灯故障症状表　　　　　　　　表6-9

症　状	可　疑　部　位
主警告灯故障（其他系统正常）	组合仪表总成（LED）：LED 检查
	组合仪表总成（LED）：进行主动测试（主警告）
	组合仪表总成
车门未关警告灯故障（各门控灯开关正常）	组合仪表总成（LED）：进行主动测试（所有车门未关指示灯）
	组合仪表总成
	主车身 ECU（多路网络车身 ECU）
制动警告灯故障	组合仪表总成（LED）：LED 检查
	组合仪表总成（LED）：进行主动测试（Indicat. Lamp Brake）
	制动警告灯电路（制动警告灯一直亮）（不带 VSC）
	制动警告灯电路（制动警告灯一直亮）（带 VSC）
	制动警告灯电路（制动警告灯不亮）（不带 VSC）
	制动警告灯电路（制动警告灯不亮）（带 VSC）
	制动主缸储液罐总成（制动液液位警告开关）
	组合仪表总成
	制动执行器总成（防滑控制 ECU）
驾驶人或前排乘客座椅安全带警告灯故障	组合仪表总成（LED）：进行主动测试（驾驶人侧座椅安全带）
	驾驶人座椅安全带警告灯电路
	前排乘客座椅安全带警告灯电路
	组合仪表总成
	主车身 ECU（多路网络车身 ECU）

续上表

症　状	可　疑　部　位
SRS 警告灯故障	组合仪表总成（LED）：LED 检查
	组合仪表总成（LED）：进行主动测试（Indicat. Lamp Airbag）
	SRS 警告灯电路（SRS 警告灯一直亮）
	SRS 警告灯电路（SRS 警告灯不亮）
	组合仪表总成
	空气囊传感器总成
发动机冷却液温度高警告灯故障	发动机冷却液温度高警告灯电路
充电警告灯故障	组合仪表总成（LED）：LED 检查
	组合仪表总成（LED）：进行主动测试（Indicat. Lamp Charge）
	充电系统（1ZR－FE）
	充电系统（2ZR－FE）
	充电系统（4ZR－FE）
	充电系统（7ZR－FE）
	组合仪表总成
	ECM（1ZR－FE）
	ECM（2ZR－FE）
	ECM（4ZR－FE）
	ECM（7ZR－FE）
发动机机油压力警告灯故障	组合仪表总成（LED）：LED 检查
	组合仪表总成（LED）：进行主动测试（Indicat. Oil Pressure）
	发动机机油压力开关总成（1ZR－FE）
	发动机机油压力开关总成（2ZR－FE）
	发动机机油压力开关总成（4ZR－FE）
	发动机机油压力开关总成（7ZR－FE）
	线束或连接器(组合仪表总成－发动机机油压力开关总成)
	组合仪表总成
EPS 警告灯故障	组合仪表总成（LED）：LED 检查
	组合仪表总成（LED）：进行主动测试（Indicat. EPS）
	EPS 警告灯电路(无刷型电动机)
	EPS 警告灯电路(电刷型电动机)
	组合仪表总成
	动力转向 ECU 总成(无刷型电动机)
	动力转向 ECU 总成(电刷型电动机)

续上表

症　状	可 疑 部 位
A/T 油温警告灯故障	组合仪表总成（LED）：LED 检查
	组合仪表总成（LED）：进行主动测试（A/T 油温操作）
	SFI 系统（1ZR – FE）
	SFI 系统（2ZR – FE）
	组合仪表总成
	ECM（1ZR – FE）
	ECM（2ZR – FE）
MIL（检查发动机警告灯）故障	组合仪表总成（LED）：LED 检查
	MIL 电路（1ZR – FE）
	MIL 电路（2ZR – FE）
	MIL 电路（4ZR – FE）
	MIL 电路（7ZR – FE）
	组合仪表总成
	ECM（1ZR – FE）
	ECM（2ZR – FE）
	ECM（4ZR – FE）
	ECM（7ZR – FE）
打滑指示灯故障	组合仪表总成（LED）：LED 检查
	组合仪表总成（LED）：进行主动测试（Indicat. Lamp Slip）
	打滑指示灯电路（打滑指示灯一直亮）
	打滑指示灯电路（打滑指示灯不亮）
	组合仪表总成
	制动执行器总成（防滑控制 ECU）
VSC OFF 指示灯故障	组合仪表总成（LED）：LED 检查
	组合仪表总成（LED）：进行主动测试（Indicat. VSC OFF）
	VSC OFF 指示灯电路（VSC OFF 开关电路）
	组合仪表总成
	制动执行器总成（防滑控制 ECU）
ABS 警告灯故障	组合仪表总成（LED）：LED 检查
	组合仪表总成（LED）：进行主动测试（Indicat. Lamp ABS）
	ABS 警告灯电路（ABS 警告灯一直亮）（不带 VSC）
	ABS 警告灯电路（ABS 警告灯一直亮）（带 VSC）
	ABS 警告灯电路（ABS 警告灯不亮）（不带 VSC）
	ABS 警告灯电路（ABS 警告灯不亮）（带 VSC）
	组合仪表总成
	制动执行器总成（防滑控制 ECU）

续上表

症　　状	可　疑　部　位
燃油油位警告灯故障	组合仪表总成（LED）：进行主动测试（Indicat. Lamp Fuel）
	燃油表传感器总成（1ZR – FE）
	燃油表传感器总成（2ZR – FE）
	燃油表传感器总成（4ZR – FE）
	燃油表传感器总成（7ZR – FE）
	线束或连接器（组合仪表总成 – 燃油表传感器总成）
	组合仪表总成
后雾灯指示灯故障（后雾灯正常）	组合仪表总成（E59 – 11（S）端子）
	线束或连接器（组合仪表总成 – FOG RR 继电器）
	组合仪表总成
远光指示灯故障（远光正常）	组合仪表总成（E55 – 19（＋）端子）
	线束或连接器（组合仪表总成 – DIM 继电器）
	组合仪表总成
TAIL 指示灯故障（尾灯正常）	组合仪表总成（LED）：进行主动测试（Indicat. Lamp Tail）
	组合仪表总成
	主车身 ECU（多路网络车身 ECU）
前雾灯指示灯故障（前雾灯正常）	组合仪表总成（E59 – 12（FOG）端子）
	线束或连接器（组合仪表总成 – FOG FR 继电器）
	组合仪表总成
转向指示灯故障（转向信号灯正常）	组合仪表总成（LED）：进行主动测试（左转向信号指示灯、右转向信号指示灯）
	照明系统
	组合仪表总成
	主车身 ECU（多路网络车身 ECU）
SPORT 指示灯故障	组合仪表总成（LED）：进行主动测试（Indicat. Sport（CVT Sport））
	SFI 系统（1ZR – FE）
	SFI 系统（2ZR – FE）
	SFI 系统（4ZR – FE）
	组合仪表总成
	ECM（1ZR – FE）
	ECM（2ZR – FE）
	ECM（4ZR – FE）

续上表

症　状	可疑部位
环保驾驶指示灯故障	检查定制参数（ECO）
	组合仪表总成（LED）：LED 检查
	组合仪表总成（LED）：进行主动测试（Indicat. ECONO）
	SFI 系统（1ZR – FE）
	SFI 系统（2ZR – FE）
	SFI 系统（4ZR – FE）
	SFI 系统（7ZR – FE）
	组合仪表总成
	ECM（1ZR – FE）
	ECM（2ZR – FE）
	ECM（4ZR – FE）
	ECM（7ZR – FE）

学习任务7 汽车中控门锁与防盗系统的检测与维修

学习目标

完成本学习任务后,你应当能:

1. 叙述中控门锁和防盗系统的功能;
2. 分析中控门锁和防盗系统的结构和工作过程;
3. 识读中控门锁、防盗系统电路,查找相关资料,分析中控门锁与防盗系统故障的原因;
4. 实施计划,按专业要求独立或合作完成中控门锁与防盗系统的诊断、维修更换工作;
5. 注册钥匙、发射器的识别码;
6. 运用所学知识,合作制订实施其他防盗系统的故障诊断、维修计划。

建议完成本学习任务为 16 学时

内容结构

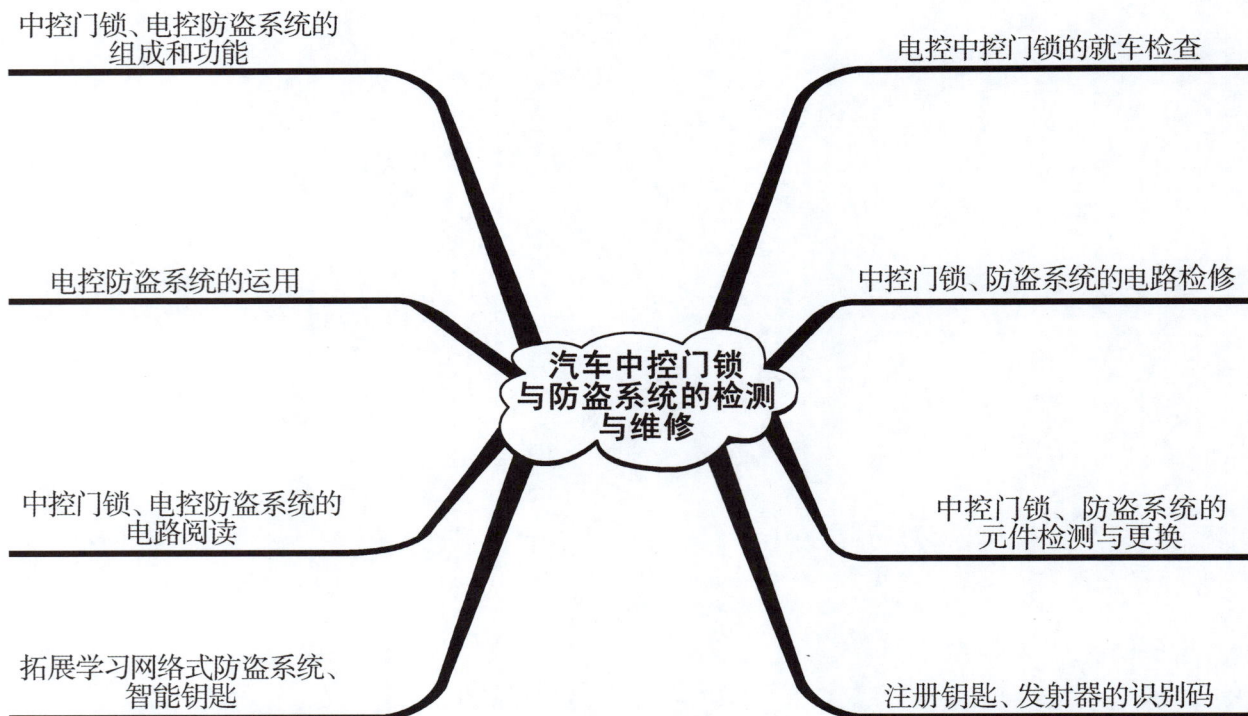

中控门锁、电控防盗系统的组成和功能

电控中控门锁的就车检查

电控防盗系统的运用

中控门锁、防盗系统的电路检修

汽车中控门锁与防盗系统的检测与维修

中控门锁、电控防盗系统的电路阅读

中控门锁、防盗系统的元件检测与更换

拓展学习网络式防盗系统、智能钥匙

注册钥匙、发射器的识别码

学习任务描述

请按专业要求对中控门锁与防盗系统进行检查,必要时进行维修或更换中控门锁、防盗系统的元件、线路,进而排除系统的故障。

中控门锁和防盗系统是现代汽车的重要组成部分, 能确保车辆使用更加便捷和安全。中控门锁与防盗系统是相互联系、互相区别的两个系统。防盗系统的功能实现依赖于中控门锁的正常工作,安装有防盗系统的车辆可以极大地减少被盗的概率。

一、学习准备

1. 汽车的中控门锁的作用是增加汽车使用的方便性和安全性,参照图7-1,请描述一个运行良好的中控门锁由哪些元件组成? 应具备哪些功能?

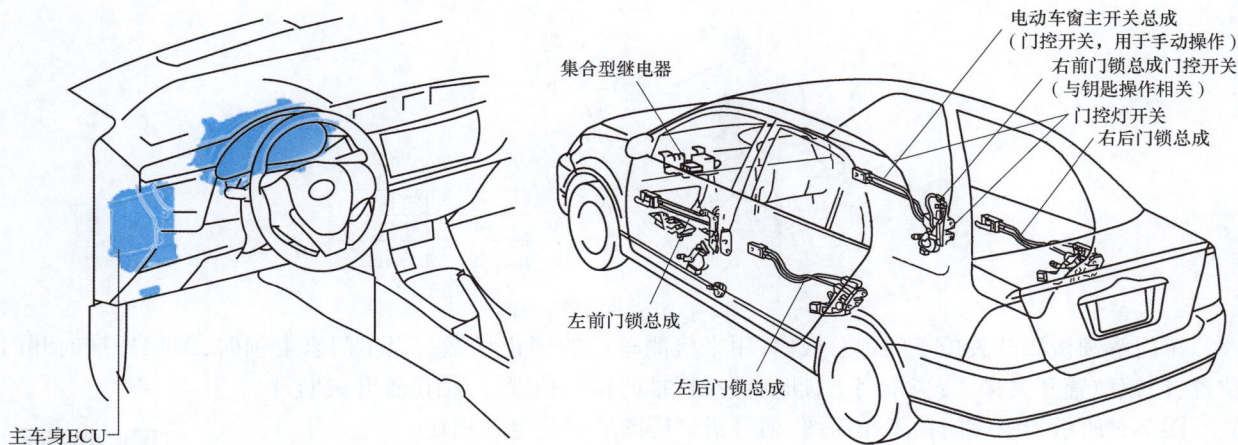

图 7-1　中控门锁组成

小词典

汽车中控门锁:中央控制门锁系统的简称,是指一种通过设置在驾驶座位的开关,可以同时控制车门机械锁止与解锁的装置。

中控门锁,一般主要由控制部分和执行机构组成,其中控制部分主要包括门控开关、主车身 ECU (仪表板接线盒)、车门控制接收器等。

1)门控开关

门控开关,一般安装在驾驶人侧前车门内的扶手上,通过门控开关可以同时锁上和解锁所有车门。图 7-2 所示为某丰田轿车门控开关的位置。

2)车门钥匙控制开关

车门钥匙控制开关一般安装在左前门外的机械锁上,通过在车外用车门钥匙开锁或解锁时,车门钥匙解锁和锁止开关向主车身 ECU 发出开锁或解锁信号,实现车门打开或锁止。图 7-3

所示为某丰田轿车钥匙控制开关的位置。

图 7-2　门锁控制开关位置

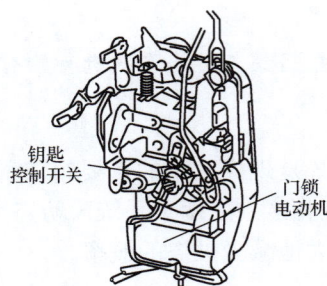

图 7-3　钥匙控制开关位置

3）门锁执行器及解锁检测开关

电动式门锁执行器安装在车门内，由小型可逆直流电动机、传动机构等组成。当门锁电动机转动时，蜗杆带动蜗轮转动，蜗轮推动锁拉杆，实现车门被锁上或解锁。图 7-4 所示为门锁执行器。

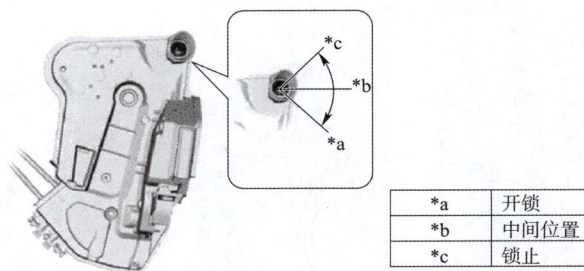

*a	开锁
*b	中间位置
*c	锁止

图 7-4　门锁执行器示意图

车门解锁检测开关位于门锁总成内，用来检测车门的锁止状态。当车门未上锁时，锁拉杆推向开门位置，门锁位置开关接通；当车门上锁时，锁拉杆推向锁门位置，门锁位置开关断开。

图 7-5 所示为中控门锁工作简图，请分析该简图后进行电路描述。

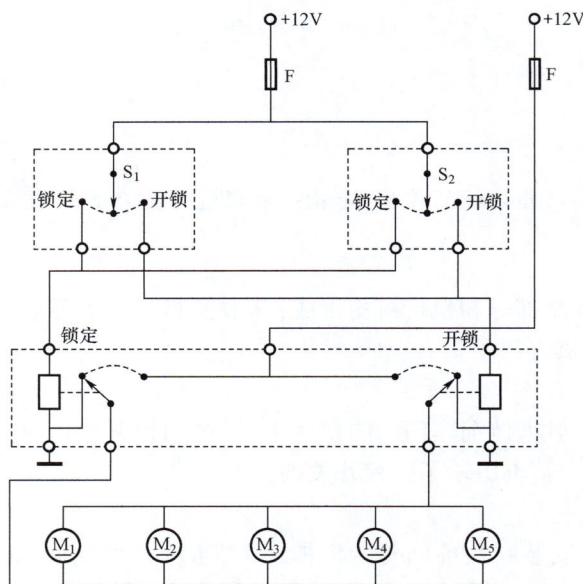

图 7-5　中控门锁工作简图

锁门动作：

开门动作：

根据所学知识，请你回答汽车上有哪些电气设备的工作过程是利用电动机的正转、反转实现的？

4）遥控门锁控制系统

遥控门锁控制系统是给门锁系统增加遥控开关、遥控器（图7-6）和接收器等部件，通过操作无线遥控装置或感应无线遥控信号，实现车门的远距离锁止和解锁，为驾驶人提供便利。

目前常用的是无线电波式遥控器，主要由输出部分、控制电路、身份代码存储器、开关按钮和电池等组成。组合型遥控器的发射天线由钥匙板兼任。身份代码存储器的身份代码通过输出部分，经发射天线发射出去。

行李舱开启按钮
开锁按钮
锁车按钮

图7-6　手持式遥控发射器

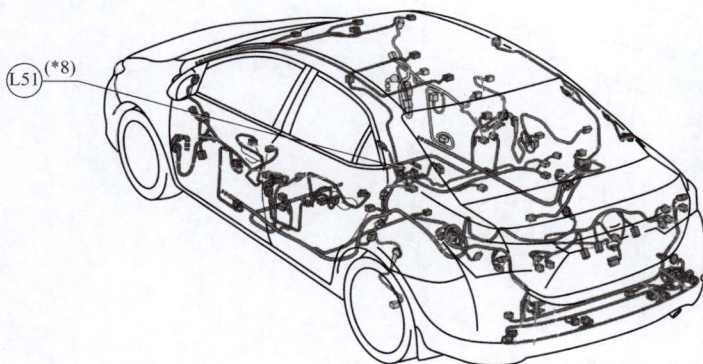

锁控接收器对接收到的信号进行放大和调制后，发送给防盗ECU，防盗ECU检查身份鉴定代码是否相符。当代码一致时，驱动相应执行器。锁控接收器的安装位置如图7-7所示。

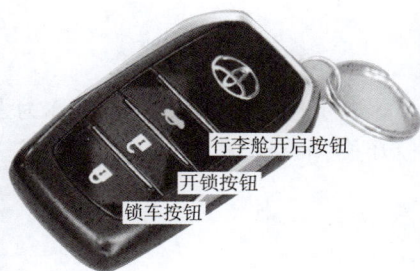

(L51)(*8)

图7-7　锁控接收器安装位置

🗂 **小提示**

部分轿车将锁控接收器和防盗ECU集成为一个总成。

🚗 **2. 防盗装置有哪些类型，分别有什么特点？**

汽车防盗装置一般有机械防盗、电子控制防盗、网络防盗等形式。

机械防盗装置有转向盘锁止、车轮锁（外加）等类型。此类防盗装置的特点是容易实现，安装简便；但防盗不彻底，只能实现防盗无法实现报警，如图7-8所示。

117

图 7-8　机械式防盗装置
a) 转向盘锁止；b) 车轮锁

电子控制式防盗，有时也称为发动机防盗系统。一般由防盗 ECU、感应传感器、门控开关、报警装置和遥控器等组成。图 7-9 所示为防盗报警系统零件位置图。

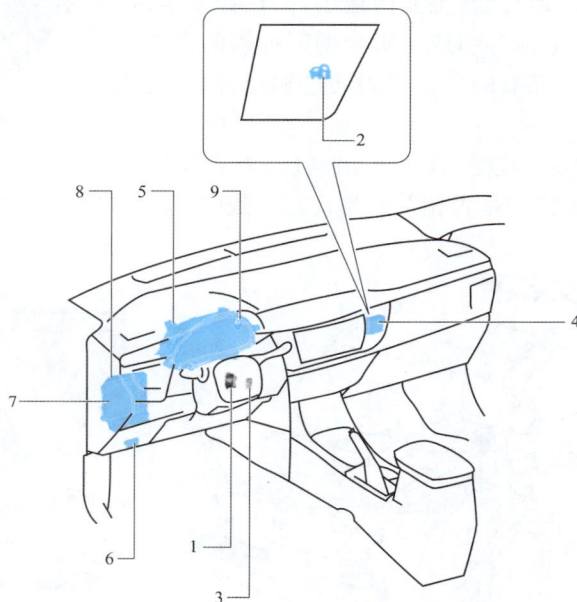

图 7-9　防盗系统零件位置

1- 点火或起动开关总成；2- 安全指示灯；3- 未锁警告开关总成；4- 警告灯总成；5- 组合仪表总成；6- DLC3；7- 主车身 ECU（多路网络车身 ECU）；8- 驾驶人侧接线盒总成；9-4 号继电器盒

1）防盗 ECU

防盗 ECU 一般安装在杂物箱总成后，它是电控防盗系统的核心，负责接收各种传感器的信号，如防盗传感器、车速传感器、各种门的开关信号等。ECU 根据预设的数据和编制的程序，通过数学计算和逻辑判断，确定车门是否锁定、车辆是否非法移动、被盗等，以便控制各执行器，从而使汽车处于报警状态。

2）报警装置

车辆报警通常采用喇叭鸣叫、灯光闪烁的方式，如喇叭警报、车内照明灯点亮、车外危险警告灯闪烁。

3）信号接收装置

信号接收装置包含检查车辆状态的传感器，如超声波传感器、车身高度传感器、玻璃破碎传感器等，用来检测车内是否有非法入侵、车辆发生振动或者倾斜、车窗玻璃被破坏等现象。

电控防盗系统与中控门锁有什么关联？发动机防盗系统怎样实现防盗功能？

学习拓展

　　网络式防盗系统利用GPS卫星定位系统对汽车进行监控，以达到防盗的目的。该防盗装置不但可以锁定汽车起动和点火，还可以通过GPS卫星定位系统将报警信息和报警汽车所在的位置传送到报警中心，一改传统防盗装置孤立无助的被动式服务，能为车主提供全方位的主动式服务，是目前其他类型的防盗装置所不能比拟的。

　　网络式防盗装置通过GSM（或CDMA）进行无线传输GPS防盗装置，由车载设备、公网设备（通信部分）、接警控制或监控中心组成。

　　GPS网络式防盗系统利用遥控技术、电子地理信息系统、计算机识别与控制技术、全球卫星定位系统等高新技术，在城市及周边地区织起一张防盗网。只要车辆被盗，指挥中心能在几秒内从计算机中获取车号、车速、汽车行驶路线等信息，并实施跟踪等相应的追捕措施。

3.防盗系统用于防止任何形式的非法进入，充分了解防盗系统的运用是必要的。如何正确使用车辆的电控防盗系统？

1）防盗系统的设定

（1）将点火钥匙转至"LOCK"位置后取出。

（2）驾乘人员全部下车。

（3）关闭并锁定所有车门、行李舱盖及发动机罩。

完成这三个步骤后，安全指示灯发亮（不闪烁）。防盗系统在设定前有30s的检查时间，若此过程中有任一道门开启或用钥匙或遥控器开启某道前门，防盗功能将被解除。

（4）当安全指示灯开始闪烁时，说明防盗系统已经启动。

防盗系统安全指示灯有以下三种情况：

① 指示灯闪烁。说明防盗系统已经设定，报警装置进入预警状态。此时若开启车门、行李舱盖必须使用点火钥匙。

② 指示灯常亮。防盗系统进入预定的自动设定时期。

③ 指示灯熄灭。防盗系统不起作用，可按常规操作开启任何一道车门。

防盗系统设定后，如未用主钥匙开启任何一道车门、行李舱盖、发动机罩，或拆卸蓄电池极桩后又重新安装，将激发出声响警报，并且防起动功能开始作用。

2）防盗系统的解除

通常可以用以下任一方式解除防盗系统，如图7-10所示。

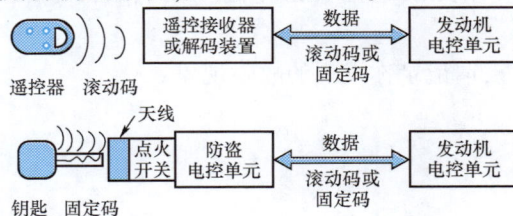

图7-10　防盗系统的解除警戒的方式

小提示

部分轿车的防盗系统(TVSS)的解除策略有所不同,当使用遥控器设置防盗系统后,只能使用遥控器解除防盗系统。

为防止遥控器被非法复制,现代车辆的遥控器和接收器通常发射和接收滚动码,即每次完成防盗系统的解锁动作后,遥控器和接收器会同步更新识别码。

二、计划与实施

4. 一辆卡罗拉轿车进厂修理。据车主反映使用钥匙或门锁控制开关开锁、锁止,门锁无法开锁、锁止。请你参照相应的维修资料,制订维修计划,排除这一故障,并做好相应记录。

1)卡罗拉轿车电动门锁的就车检查

(1)电动门锁的基本检查。

① 将门控开关转至锁止侧时,检查所有门是否锁止;将门控开关转至开锁侧时,检查所有门是否开锁。 □是 □否

② 用钥匙从车外锁止车门时,检查所有门是否锁止;用钥匙从车外开锁时,检查所有门是否开锁。 □是 □否

(2)检查钥匙封闭防护功能。

小提示

钥匙封闭防护功能的检查应在驾驶人车窗打开的情况下进行,以防止点火钥匙被封闭。

① 将点火钥匙插入点火开关的钥匙孔。 □任务完成

② 打开驾驶人侧门,将驾驶人侧门的锁止手柄转至锁止侧后,检查驾驶人侧门是否立即自动开锁。 □是 □否

③ 将门控开关转至锁止侧时,检查驾驶人侧门是否立即自动开锁。 □是 □否

(3)检查安全功能。

① 关闭所有门,打开驾驶人侧车窗,以便门控开关的操作可从车外完成。 □任务完成

② 拔出点火钥匙,在车外不用钥匙锁止门。在该条件下,通过车外的门控开关不能将门开锁。 □任务完成

③ 拔出点火钥匙,在车外使用钥匙锁止门。在该条件下,通过车外的门控开关不能将门开锁。 □任务完成

④ 拔出点火钥匙,在车外使用无线遥控器锁止门。在该条件下,通过车外的门控开关不能将门开锁。 □任务完成

通过对电动门锁的就车检查,请记录你发现的故障现象。

2）卡罗拉轿车电控门锁电路分析与检修计划制订

图7-11、图7-12所示为卡罗拉轿车门锁控制系统图和电路原理图，参照图7-5中控门锁的电路简图，分析卡罗拉轿车门锁控制的工作过程。

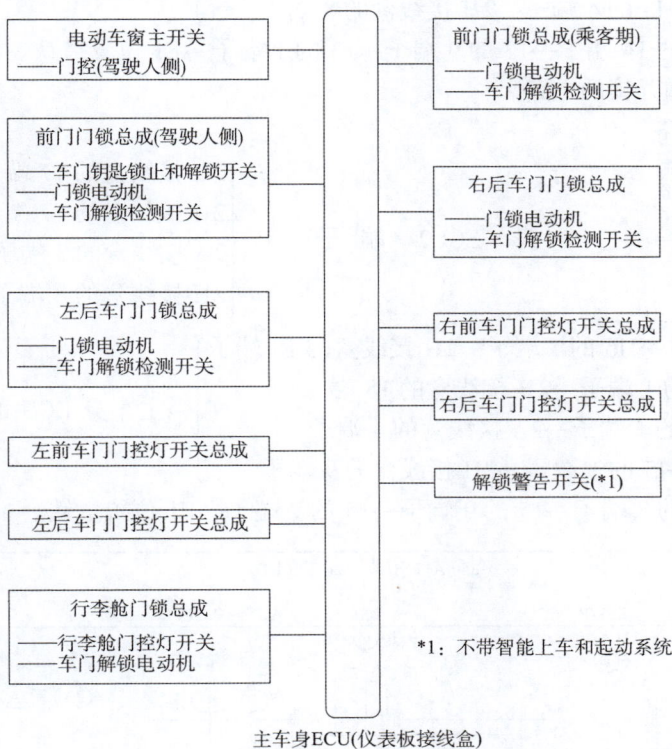

图7-11　中控门锁系统图

（1）使用门控开关控制车门锁止电路。

蓄电池正极 → 主车身 ECU2 端子 →
$\left\{\begin{array}{l} \text{2H 接线盒的 17 端子→H6 的 4 端子→} \\ \text{2H 接线盒的 17 端子→J3 的 4 端子→} \\ \text{2A 接线盒的 3 端子→K3 的 4 端子→} \\ \text{2H 接线盒的 8 端子→I5 的 4 端子→} \end{array}\right\}$ →

$\left\{\begin{array}{l} \text{前排乘客侧门锁电动机→H6 的 1 端子→2H 接线盒的 18 端子} \\ \text{右后门锁电动机→J3 的 1 端子→2H 接线盒的 18 端子} \\ \text{左后门锁电动机→K3 的 1 端子→2A 接线盒的 4 端子} \\ \text{驾驶人侧门锁电动机→I5 的 1 端子→2H 接线盒的 9 端子} \end{array}\right\}$ →主车身 ECU 的 3 端子→主车身 ECU

的 12 端子→2H 接线盒的 I3 端子→I3 的 2 端子→I3 的 1 端子→E1 位置搭铁。

（2）使用门控开关控制车门开锁电路。

蓄电池正极 → 主车身 ECU3 端子 →
$\left\{\begin{array}{l} \text{2H 接线盒的 18 端子→H6 的 1 端子→} \\ \text{2H 接线盒的 18 端子→J3 的 1 端子→} \\ \text{2A 接线盒的 4 端子→K3 的 1 端子→} \\ \text{2H 接线盒的 9 端子→I5 的 1 端子→} \end{array}\right\}$ →

前排乘客侧门锁电动机→H6 的 4 端子→2H 接线盒的 17 端子

右后门锁电动机→J3 的 4 端子→2H 接线盒的 17 端子

左后门锁电动机→K3 的 4 端子→2A 接线盒的 3 端子

驾驶人侧门锁电动机→I5 的 4 端子→2H 接线盒的 8 端子

→主车身 ECU 的 2 端子→主车身 ECU

的 10 端子→2H 接线盒的 14 端子→13 的 9 端子→13 的 1 端子→E1 位置搭铁。

（3）使用钥匙解锁和开锁的电路。

①钥匙锁止车门电路。

蓄电池正极 → 主车身 ECU2 端子 →

2H 接线盒的 17 端子→H6 的 4 端子→

2H 接线盒的 17 端子→J3 的 4 端子→

2A 接线盒的 3 端子→K3 的 4 端子→

2H 接线盒的 8 端子→I5 的 4 端子→

→

前排乘客侧门锁电动机→H6 的 1 端子→2H 接线盒的 18 端子

右后门锁电动机→J3 的 1 端子→2H 接线盒的 18 端子

左后门锁电动机→K3 的 1 端子→2A 接线盒的 4 端子

驾驶人侧门锁电动机→I5 的 1 端子→2H 接线盒的 9 端子

→主车身 ECU 的 3 端子→主车身 ECU

的 14 端子→2H 接线盒的 7 端子→15 的 9 端子→15 的 7 端子→E1 位置搭铁。

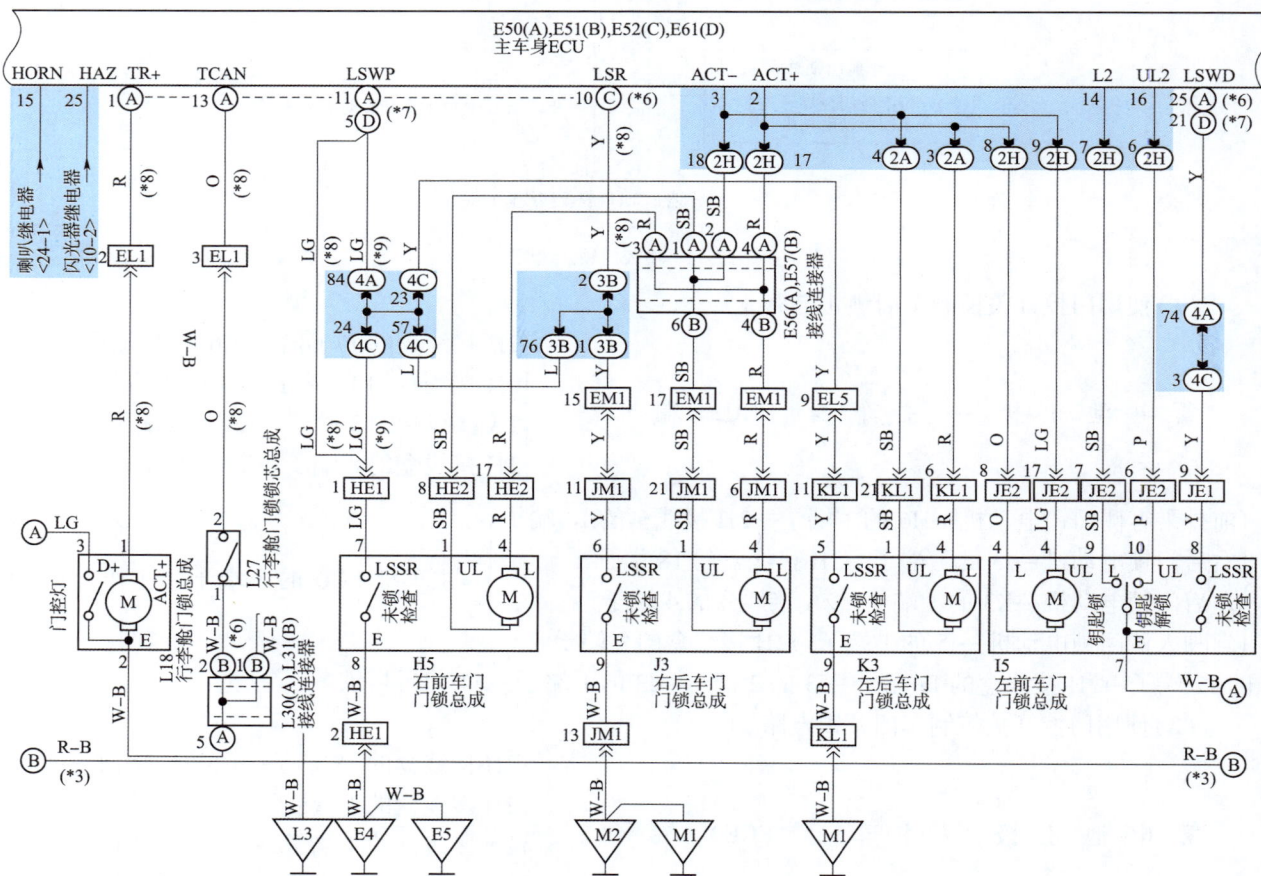

图 7-12

主车身ECU

LI　ULI　GND2　RCTY　RCTY　PKB　　　　　　　DCTY　PCTY　　　　PRG　RPA　CLTB　CLTE　CLTS

*3:带自动灯光控制系统
*6:带智能上车和起动系统和或带自动灯光控制系统
*7:除6外
*8:带智能上车和起动系统
*9:不带智能上车和起动系统
*10:带导航系统
*19:2ZR-FE发动机
*20:1ZR-FE发动机

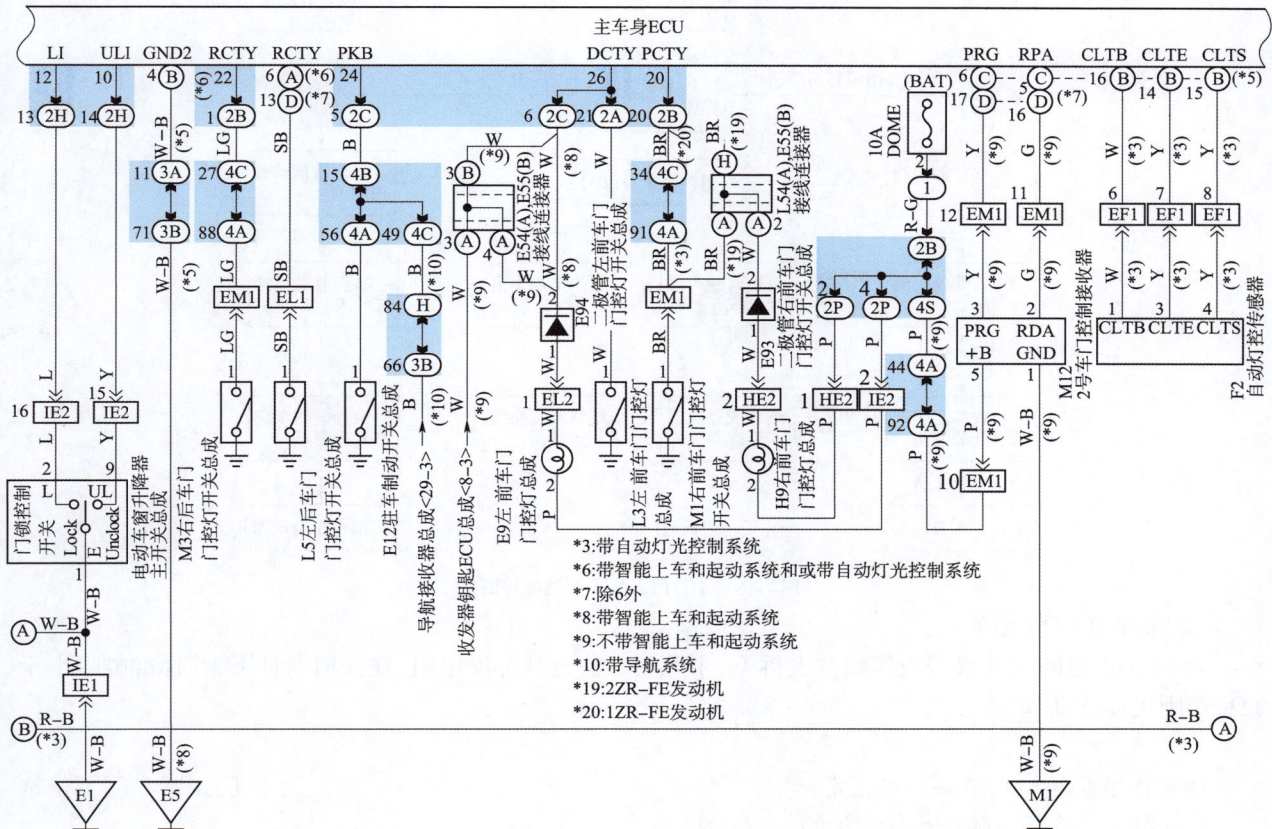

图7-12　中控门锁控制电路图

②钥匙解锁车门电路。

参照使用钥匙锁止车门控制电路,写出使用钥匙开锁的电路。

思考:

当出现使用钥匙或门锁控制开关开锁、锁止,门锁无法开锁、锁止的故障时,可能是由于以下＿＿＿＿
因素导致的。

A. 电动车窗主开关损坏　　　B. 集合型继电器损坏　　　C. 门锁控制电路故障

D. 驾驶人侧门锁总成损坏　　E. DOOR 元件的 25A 熔断丝损坏

请根据故障对电路分析的结论,制订相应的故障检修计划:

3)卡罗拉轿车电控门锁故障诊断

(1)故障诊断流程图。

中控门锁功能不能锁止和解锁的故障诊断流程图,如图7-13 所示。

123

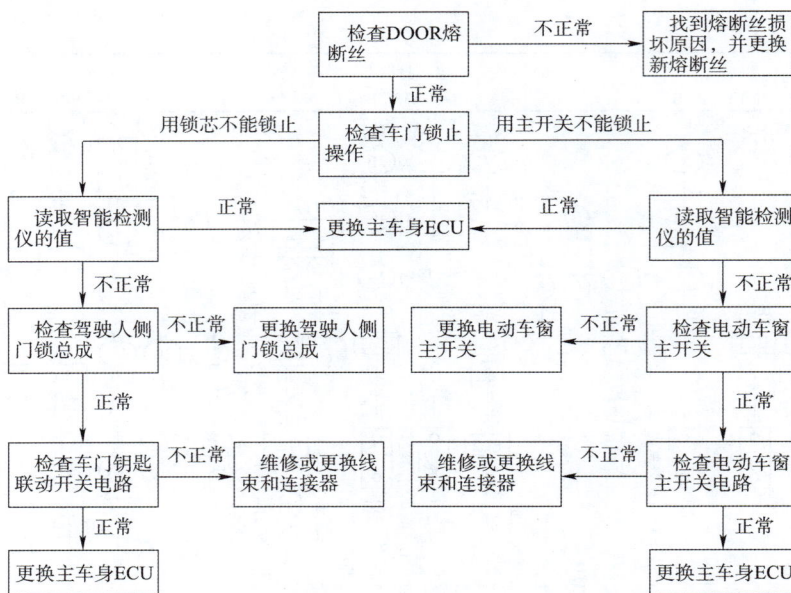

图 7-13　中控门锁故障诊断流程图

（2）检查 DOOR 熔断丝。

将 DOOR 熔断丝从仪表板接线盒上拆下，用万用表检查其标准电阻，在任何条件下，其标准电阻小于 1Ω，否则更换熔断丝。

DOOR 熔断丝检查结果是否正常？　　　　　　　　　　　　　　　　　　　□正常　　□不正常

（3）用汽车诊断电脑进行故障诊断。

以金德 KT600 诊断仪为例，读取实训车辆或台架上电控门锁故障的故障码。

①连接 KT600 诊断仪，打开点火开关、诊断仪电源开关，如图 7-14 所示。

②选择对应车辆信息，进入主界面，选择"16PIN 诊断座"，如图 7-15 所示。

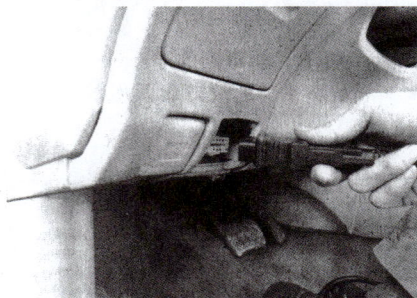

图 7-14　连接诊断仪

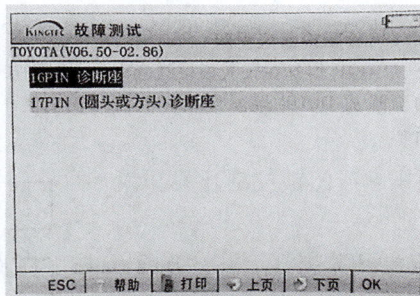

图 7-15　进入汽车诊断主界面

③进入"车身系统"。

④读取车身系统故障码。

⑤执行"动作测试"。

⑥进行数据流读取。

将读取出来的数据进行记录。

门控开关数据流检测见表 7-1。

门控开关数据流检测表　　　　　　　　　　　　　　　　表 7-1

检测仪连接	检测项目	标准状态	测量结果	判　断
门控开关锁止	门控开关锁止开关的信号是打开还是关闭	打开：门控开关按至锁止位置 关闭：门控开关按下		□正　常 □不正常
门控开关解锁	门控开关解锁开关的信号是打开还是关闭	打开：门控开关按至锁止位置 关闭：门控开关按下		□正　常 □不正常

当操作开关时，KT600 诊断仪的显示应准确显示状态。若结果正常，则更换主车身 ECU，若结果不正常，则继续进一步检查。

（4）检车电动车窗主开关 I3。

拆下电动车窗主开关 I3，I3 连接器如图 7-16 所示。对电动车窗主开关 I3 进行测量，将测量结果填写在表 7-2 中。

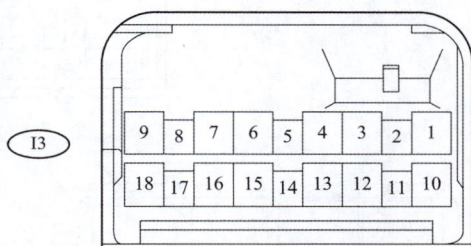

图 7-16　电动车窗主开关 I3 示意图

电动车窗主开关 I3 功能检测表　　　　　　　　　　　　表 7-2

检测仪连接情况	检测条件	标准状态	测量结果	结果判断
主开关 I3 的 1 端子-2 端子	门控开关锁止	$<1\Omega$		□正　常 □不正常
主开关 I3 的 1 端子-2 端子 主开关的 1 端子-9 端子	门控开关 OFF	$\geqslant10k\Omega$		□正　常 □不正常
主开关 I3 的 1 端子-9 端子	门控开关解锁	$<1\Omega$		□正　常 □不正常

如果结果异常，则更换电动车窗主开关，否则继续进一步检查。

（5）检查线束和连接器（电动车窗主开关电路）。

断开主车身 ECU（仪表板接线盒）2H 接线盒的连接，仪表板接线盒的安装位置及内部接线盒位置如图 7-17、图 7-18 所示。

对连接器进行测量，并将检测结果记录在表 7-3 中。

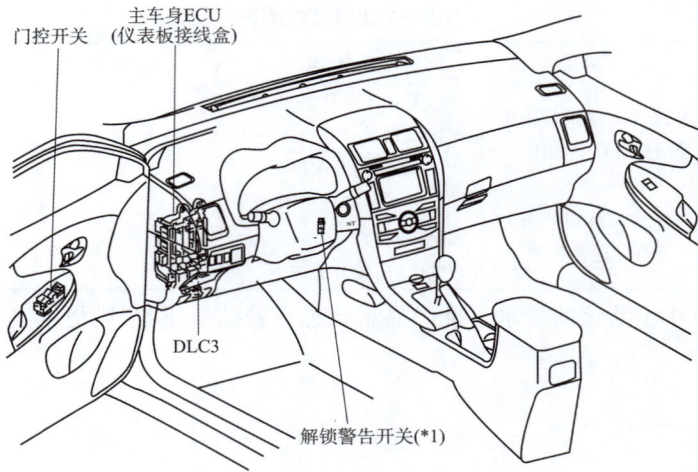

门控开关　主车身ECU
（仪表板接线盒）

DLC3

解锁警告开关(*1)

*1:不带智能上车和起动系统

图7-17　仪表板接线盒的位置

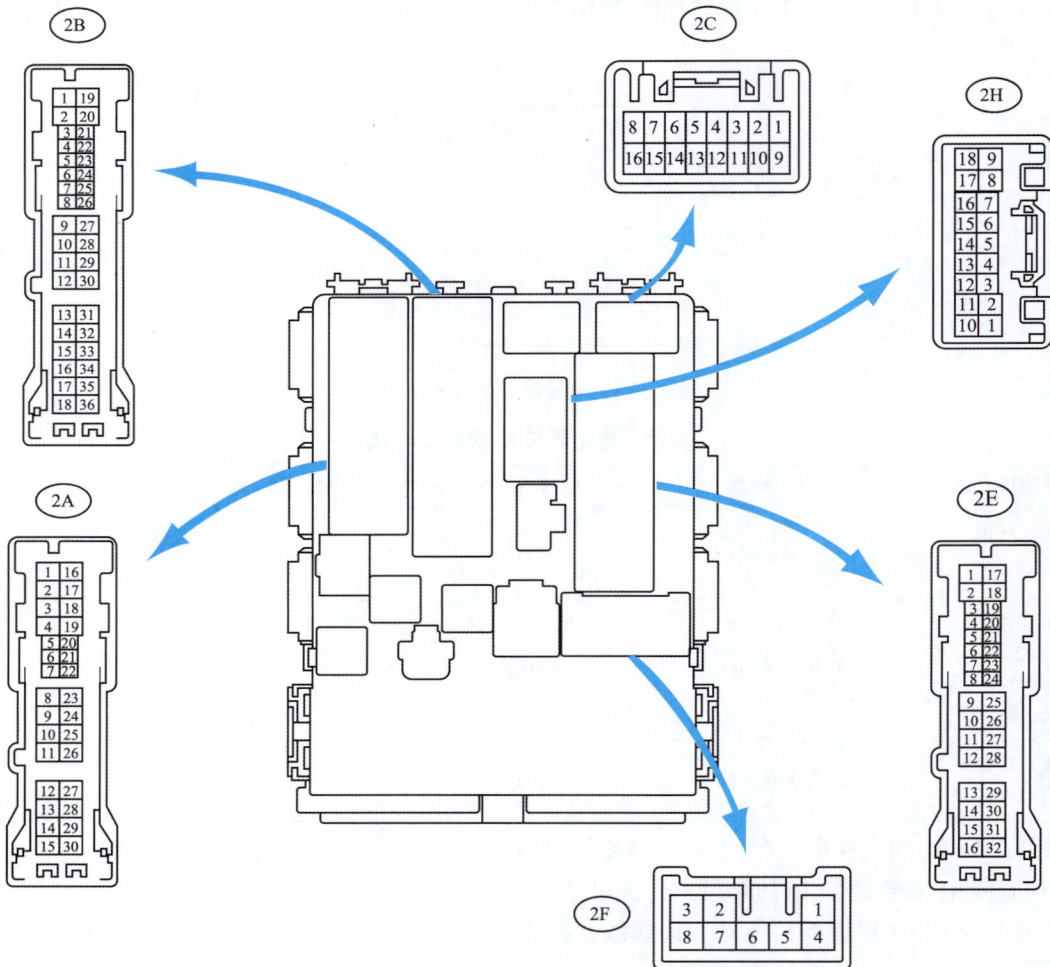

图7-18　仪表板接线盒内连接器的位置

电动车窗主开关电路检测表 表7-3

检测仪连接情况	检测条件	标准状态	测量结果	结果判断
主开关I3的2端子-接线盒2H的13端子	始终	<1Ω		□ 正　常 □ 不正常
主开关I3的9端子-接线盒2H的14端子	始终	<1Ω		□ 正　常 □ 不正常
主开关I3的1端子-车身搭铁	始终	<1Ω		□ 正　常 □ 不正常
接线盒2H的13端子-车身搭铁	始终	≥10kΩ		□ 正　常 □ 不正常
接线盒2H的14端子-车身搭铁	始终	≥10kΩ		□ 正　常 □ 不正常

如果结果异常,则维修或更换线束或连接器,如果正常,则更换主车身ECU。

(6)读取诊断仪的数据流。

车门无法通过驾驶人侧车门锁芯锁止,使用KT600诊断仪读取下列数据表,确认驾驶人侧车门锁芯锁止信号是否能正常传送至主车身ECU。检测结论记录在表7-4中。

车门钥匙锁止和解锁功能检测表 表7-4

检测仪连接情况	检测条件	标准状态	测量结果	结果判断
车门钥匙锁止开关	车门钥匙锁止开关信号打开或关闭	打开:驾驶人侧车门锁芯转至锁止位置 关闭:驾驶人侧锁芯未转动		□ 正　常 □ 不正常
车门钥匙解锁开关	车门钥匙锁止开关信号打开或关闭	打开:驾驶人侧车门锁芯转至解锁位置 关闭:驾驶人侧锁芯未转动		□ 正　常 □ 不正常

当操作驾驶人侧车门锁芯时,诊断仪上显示如果正常,则更换主车身ECU;如果结果不正常,则检查驾驶人侧门锁总成。

(7)检查门锁总成及线路。

如有需要,查阅维修材料,完成门锁总成、门锁控制线路的检查与更换。

5.当防盗系统(TVSS)不能正常工作时,可能需要检查遥控器、防盗ECU和其他相关的线路等。依据图7-19所示的防盗系统图并参考维修资料,完成防盗系统(TVSS)的检测并记录。

防盗ECU的安装位置如图7-20所示。参考维修资料,完成防盗主动测试,并将检测结果记录在表7-5中。

发动机舱门控灯开关 → 防盗警报ECU → 安全指示灯

点火开关 → 防盗警报ECU → 警报喇叭

防盗警报ECU → 车辆喇叭

解锁警告开关*1 → 防盗警报ECU

防盗警报ECU ↔ 认证ECU*2

车门控制接收器*2 → 认证ECU*2

*1:不带智能上车和起动系统
*2:带智能上车和起动系统

至主车身ECU　　至主车身ECU

≡:CAN

a)

至防盗警报ECU　　至认证ECV

CAN

车门控制接收器*1 → 主车身ECU → 转向信号闪光灯

前门门控灯开关（左、右）→ 主车身ECU → 警告灯

后门门控灯开关（左、右）→ 主车身ECU → 后车厢照明灯总成（后车内照明灯）

行李舱门控灯开关 → 主车身ECU

前门锁止位置开关（左、右）→ 主车身ECU → 前门门锁电动机（左、右）

后门锁止位置开关（左、右）→ 主车身ECU → 后门门锁电动机（左、右）

发动机开关*2 → 主车身ECU

*1:不带智能上车和起动系统
*2:带智能上车和起动系统

≡:CAN

b)

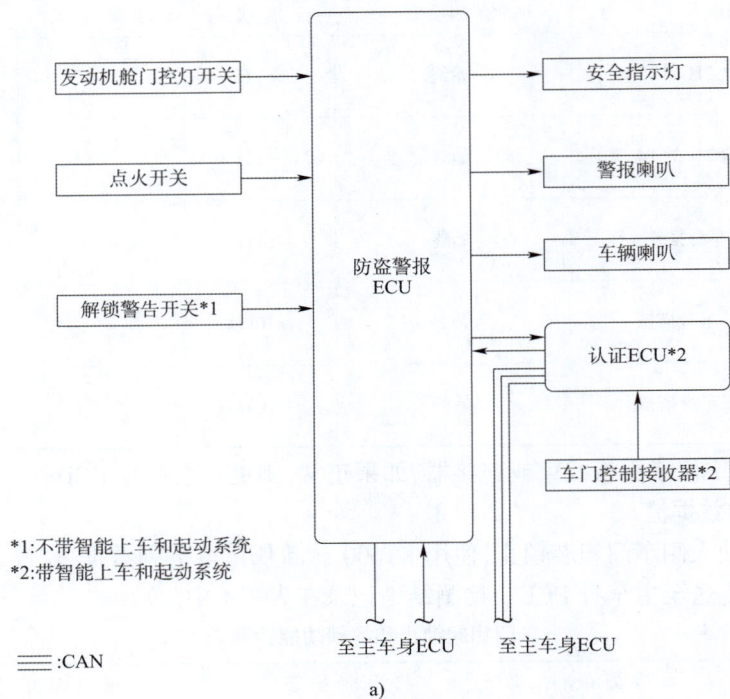

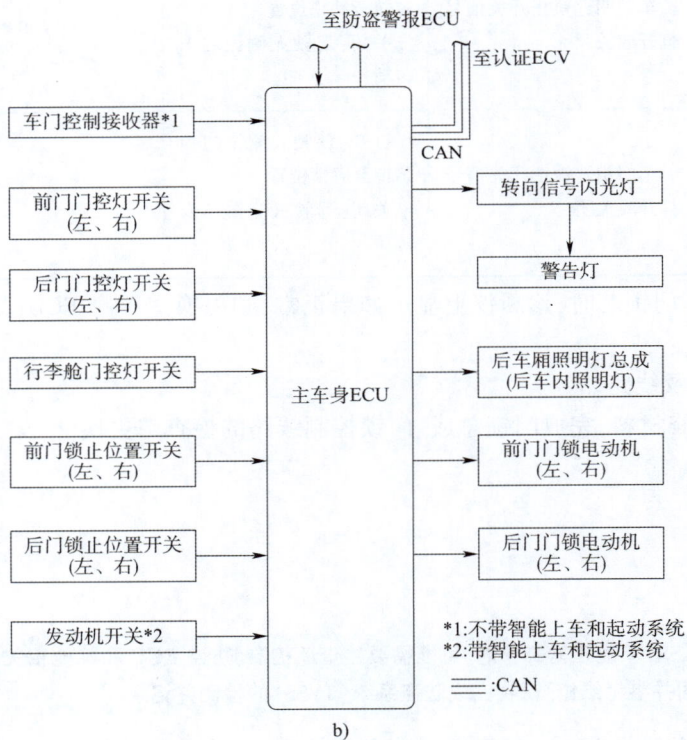

图7-19　防盗系统图

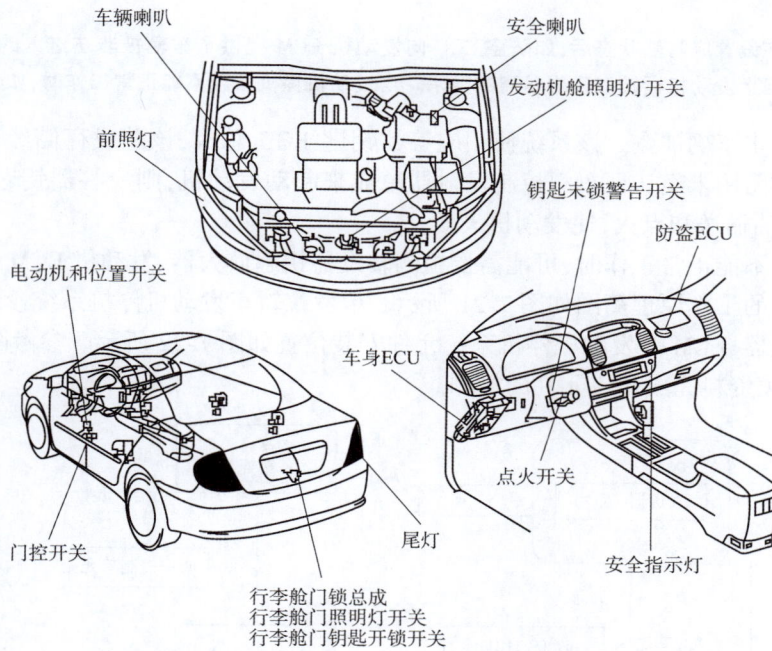

车辆喇叭
安全喇叭
发动机舱照明灯开关
前照灯
钥匙未锁警告开关
防盗ECU
电动机和位置开关
车身ECU
门控开关
尾灯
点火开关
安全指示灯
行李舱门锁总成
行李舱门照明灯开关
行李舱门钥匙开锁开关

图7-20　防盗ECU的安装位置

防盗系统主动测试数据表　　　　　　　　　　　表7-5

检测仪显示	测量项目	控制范围	测量结果	结果判断
Security Indicator	安全指示灯	OFF/ON		□ 正　常 □ 不正常
Vehicle Horn	车辆喇叭	OFF/ON		□ 正　常 □ 不正常
Security Horn	警报喇叭总成	OFF/ON		□ 正　常 □ 不正常

使用诊断电脑读取数据表,无需拆下任何零件,即可读取开关、传感器、执行器及其他项目的值或状态。这种非侵入式检查非常有用,可在零件或配线受到干扰之前发现间歇性状况或信号。故障排除时,尽早读取数据表信息是节省诊断时间的一种方法。

(1)将诊断电脑连接到诊断接口DLC3。

(2)将点火开关置于ON位置。

(3)打开诊断软件。

(4)进入以下菜单(以丰田GTS为例)。

Body Electrical – Main Body or Immobiliser – Active Test

(5)根据显示提示,进行主动测试,并将数据记录在表7-5中。

如果检测结论符合要求,说明防盗ECU线路没有故障,如仍然不能排除防盗系统的故障,则需更换防盗ECU。

6. 卡罗拉轿车在设置成防盗状态后,如防盗 ECU 向发动机 ECM 提供了车辆被非法进入的相关信息,则发动机停机系统将阻止发动机运转以实现防盗的要求。当发动机停机系统不能正常工作时,如何检测?

  停机系统用于防止车辆被盗。该系统使用应答器钥匙 ECU 总成,该总成存储经认证的点火钥匙的钥匙识别码。如果试图用未经认证车门控制发射器总成来起动发动机,则应答器钥匙 ECU 总成发送信号至 ECM 以禁止燃油输送和点火,使发动机失效。

  发动机停机系统不能正常工作时,可能需要检测转发器钥匙放大器、发动机 ECM 及相关线路等。

  发动机停机系统的工作原理简图如图 7-21 所示。卡罗拉轿车发动机停机系统诊断故障码见表 7-6。

  转发器钥匙放大器、ECM 等发动机停机系统元件安装位置如图 7-22 所示。参考图 7-23 发动机停机系统电路图,查阅相关资料完成相应元件的检测。

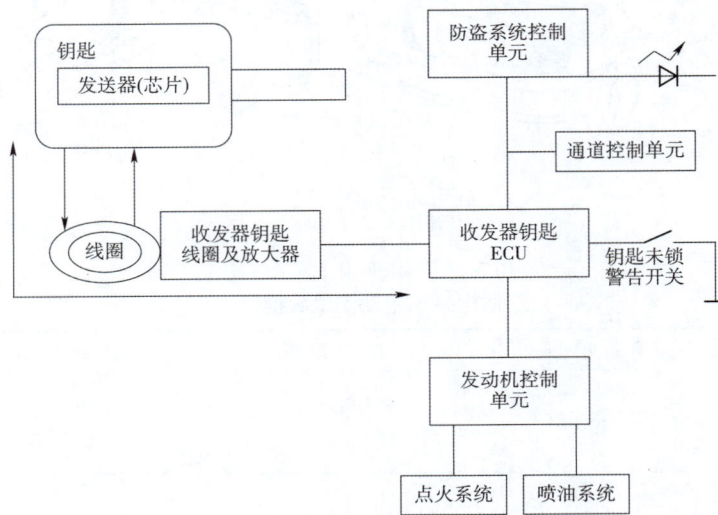

图 7-21 发动机停机系统原理简图

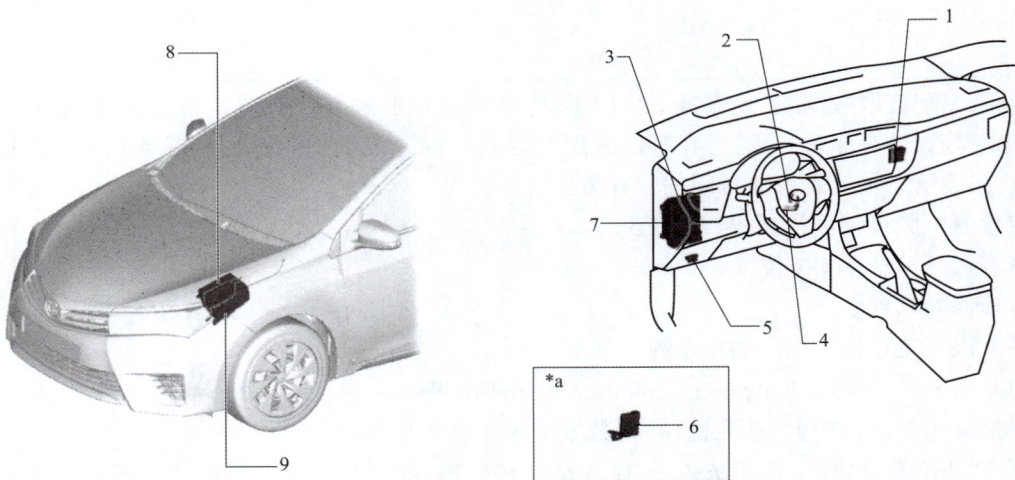

图 7-22 发动机停机系统元件安装位置

1-安全指示灯;2-未锁警告开关总成;3-驾驶人侧接线盒总成;4-应答器钥匙线圈;5-DLC3;6-应答器钥匙 ECU 总成(安装位置参考《服务快讯》);7-主车身 ECU;8-ECM;9-发动机舱继电器盒和接线盒总成

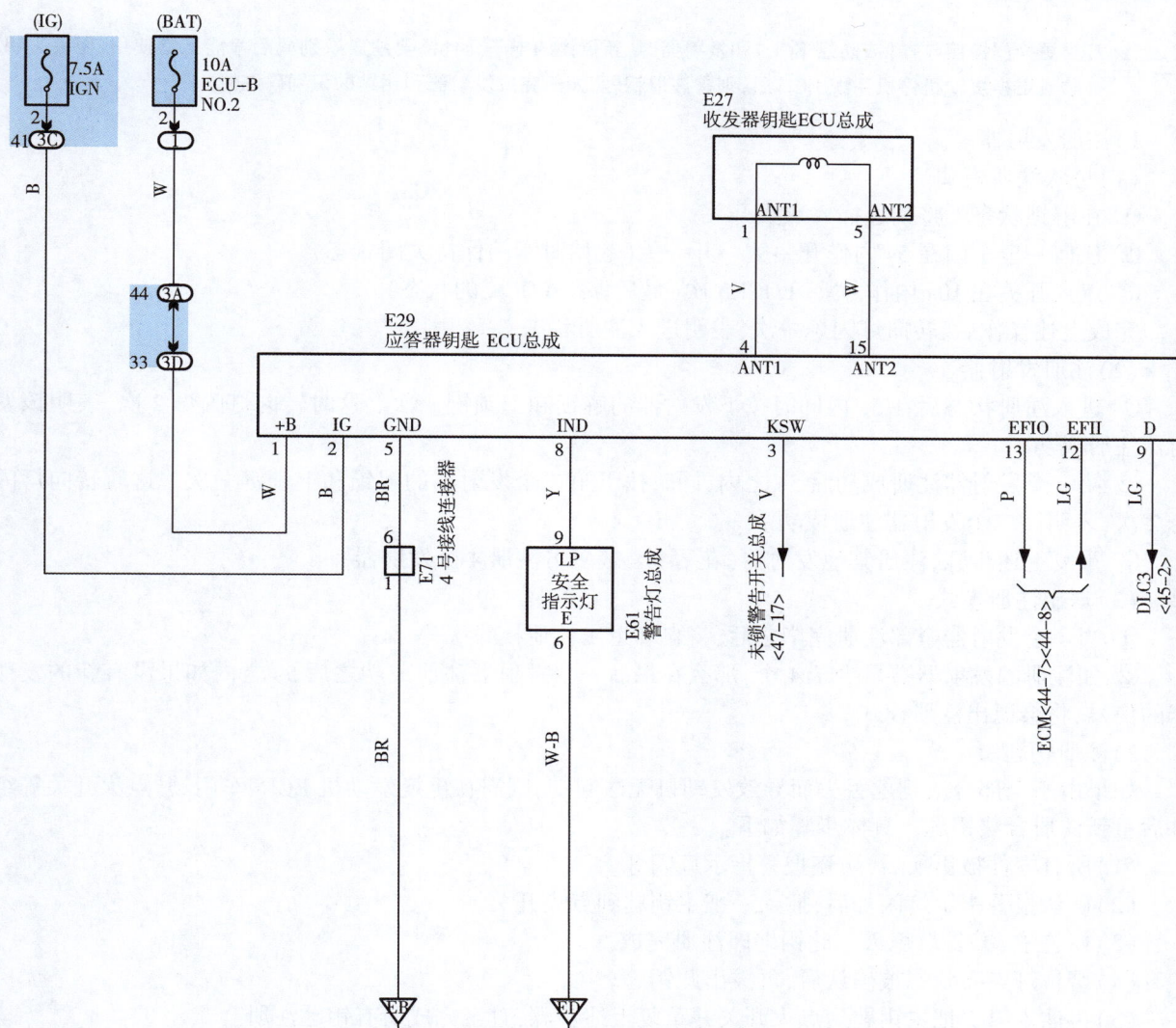

图 7-23　发动机停机系统电路图

卡罗拉轿车发动机停机系统诊断故障码表　　　　　　　　　　表 7-6

DTC（故障码）	DTC 检测条件	故障可能发生部位
B2780	将点火开关置于 ON 位置时，未检测到未锁警告开关总成打开	线束或连接器 未锁警告开关总成 应答器钥匙 ECU 总成
B2784	应答器钥匙线圈中的天线线圈开路/短路	线束或连接器 应答器钥匙线圈 应答器钥匙 ECU 总成
B2793	应答器芯片故障	车门控制发射器总成 应答器钥匙线圈 应答器钥匙 ECU 总成
B2794	将钥匙识别码不完整的车门控制发射器总成插入点火锁芯	车门控制发射器总成 应答器钥匙线圈 应答器钥匙 ECU 总成

7. 当更换门控接收器（或防盗 ECU）和发射器时，新更换的电子元件需要注册识别码后才能正常使用，而丢失钥匙或更换发动机停机系统 ECU 后，则需注册钥匙，如何完成发射器和钥匙的识别码注册？

1）注册发射器

（1）进入注册模式。

① 在解锁状态下将钥匙插入点火开关。

② 任何一扇车门在 5s 内作开→关→开→关（起始时车门保持关闭状态）。

③ 点火开关在 10s 内作 ON→LOCK5 次（最后保持 LOCK 的状态）。

完成上述操作后，转向灯闪烁一次，表明进入注册状态。

（2）注册发射器。

① 进入注册状态后在 5s 内同时按下发射器的解锁和上锁键一次。这时转向灯闪烁 2 次，表明该发射器注册成功。

② 第一个发射器注册成功后 5s 之内，同时按下第二个发射器的解锁和上锁键一次。这时转向灯闪烁 2 次，表明第二个发射器注册成功。

③ 重复上述步骤，注册其他发射器（花冠 EX 最多可注册 4 个发射器）。

（3）退出注册模式。

① 当 4 个发射器全部注册完毕之后，将自动退出注册模式。

② 如注册的发射器数量少于 4 个，那么在最后一个发射器注册成功之后 5s 之内如果没有新的发射器的信号，将会退出注册模式。

2）注册钥匙

如果由于全部合法钥匙丢失而导致发动机无法起动，则需在更换发动机 ECU、车门锁、点火开关等组件后重新注册合法钥匙。具体步骤如下：

（1）所有零件被更换后，防盗报警指示灯闪烁。

（2）确认报警指示灯闪烁后，插入一把主钥匙到点火开关。

（3）1s 左右，警告灯熄灭。此钥匙即注册完成。

（4）警告灯点亮状态被确认后，再拔出此钥匙。

（5）再插入第 2 把主钥匙到点火开关并重复上述步骤，直至完成所有钥匙注册。

此外，还可在现有合法钥匙的基础上追加钥匙。以花冠 ZZE122 手动追加主钥匙为例：

（1）在点火开关中插入已注册的主钥匙。

（2）完成步骤（1）后，在 15s 内反复踩下和松开加速踏板 5 次。

（3）完成步骤（2）后，在 20s 内反复踩下和松开制动踏板 6 次，然后拔出主钥匙。

（4）完成步骤（3）后，在 10s 内向点火开关内插入未注册的钥匙。

（5）完成步骤（4）后，在 10s 内踩下和松开加速踏板 1 次，此时安全报警灯闪烁。

（6）60s 后，追加的主钥匙即注册成功。如需继续注册，重复步骤（4）～（6）。

（7）注册成功后，在安全警告灯熄灭 10s 内拔出钥匙即告结束。

学习拓展

　　智能钥匙系统也称无钥匙进入系统，是由发射器、遥控中央锁控制模块、驾驶授权系统控制模块 3 个接收器及相关线束组成的控制系统。遥控器和发射器集成在车钥匙上，车辆可根据智能钥匙发来的信号，进入锁止或不锁止状态，甚至可自动关闭车窗和天窗。

　　智能钥匙系统包含自动解锁、智能点火和识别车主3个基本功能。部分品牌车型还具备锁车后自动关闭车窗的功能。

　　1）自动解锁

　　通过车主随身携带的智能卡里的芯片感应自动开关门锁。当车主靠近汽车时,钥匙和汽车便开始通过无线电波交换已设定好的指令信息。随即汽车的关闭系统和安全系统以及发动机的控制系统全部被激活。也就是说当您走近车辆一定距离时(一般是1m)门锁会自动打开并解除防盗;当您离开车辆时,门锁会自动锁上并进入防盗状态。

　　2）智能点火

　　智能钥匙的作用就是使发动机识别操作者是否为车主,并进入随时起动前的待机状态。当需要起动发动机时,只要智能钥匙在可以被检测到的区域内,驾驶人即可按下起动按钮(图7-24)或者扭动旋转按钮起动发动机了。整个过程,车钥匙无须拿出。

图7-24　仪表板上的起动按钮

　　3）识别车主

　　每个智能钥匙都有唯一的ID码与车辆ID码对应。即使简单复制了钥匙,没有ID码也不能起动车辆。只有当车主进入车内时,车内的检测系统会马上识别您的智能卡,经过确认后车内的电脑才会进入工作状态,这时只需轻轻按动车内的起动按钮(或者是旋钮),就可以正常起动车辆了。

　　配备智能钥匙系统会增加车辆的使用成本。此外,因钥匙遗失需要重配时的成本也不低。智能钥匙一般都包括电子钥匙和机械钥匙,当电子钥匙因故障无法使用时,用户也可以使用原始机械方式起动汽车,一旦丢失了整把智能钥匙(包括电子钥匙和机械钥匙),则需要重配新的电子钥匙,而且剩下的另一把备用钥匙也将失效。

三、评价反馈

1. 学习自测题

(1)普通中控门锁应具备(　　　)。

　　A. 中央控制　　　　　　B. 单独控制　　　　　　C. 钥匙占有预防　　　　D. 速度控制

(2)可通过电动机正反转实现。(　　　)

　　A. 中控门锁　　　　　　B. 电动后视镜　　　　　C. 电动车窗　　　　　　D. 电动刮水器

(3)电控防盗系统可通过阻止发动机起动的方式实现车辆的防盗。(　　　)

　　A. 正确　　　　　　　　B. 错误

(4)设置防盗系统后,如果防盗指示灯点亮说明车辆已进入防盗状态。(　　　)

　　A. 正确　　　　　　　　B. 错误

（5）机械式防盗结构简单，可作为电控防盗系统的辅助防盗措施，也可单独承担防盗功能。（　　　）

    A. 正确　　　　　　　　　B. 错误

2. 维修信息获取练习

小组合作，查阅维修手册，制订其他车型（如别克凯越）防盗系统的检修计划，并简要说明步骤。

3. 学习目标达到程度的自我检查（表7-7）

自 我 检 查 表 表7-7

序　号	学 习 目 标	达到情况（在相应的选项后打"√"）		
		能	不能	如果不能，是什么原因
1	叙述中控门锁和防盗系统的功能			
2	分析中控门锁和防盗系统的结构和工作过程			
3	识读中控门锁、防盗系统电路，查找相关资料，分析中控门锁与防盗系统故障的原因			
4	实施计划，按专业要求独立或合作完成中控门锁与防盗系统的诊断、维修更换工作			
5	注册钥匙、发射器的识别码			
6	运用所学知识，合作制订实施其他防盗系统的故障诊断、维修计划			

4. 日常表现性评价（由小组长或者组内成员评价）

（1）工作页填写情况。（　　　）

    A. 填写完整　　　　　　　　　　　　　　　B. 缺失 0 ~ 20%

    C. 缺失 20% ~ 40%　　　　　　　　　　　D. 缺失 40% 以上

（2）工作着装是否规范？（　　　）

    A. 穿着校服（工作服），佩戴胸卡　　　　B. 校服或胸卡缺失一项

    C. 偶尔会既不穿校服又不戴胸卡　　　　D. 始终未穿校服、佩戴胸卡

（3）能否主动参与工作现场的清洁和整理工作？（　　　）

    A. 积极主动参与 5S 工作　　　　　　　　B. 在组长的要求下能参与 5S 工作

    C. 在组长的要求下能参与 5S 工作，但效果差　　　D. 不愿意参与 5S 工作

（4）操作汽车举升器或起动发动机时，有无进行安全检查并警示其他同学？（　　　）

    A. 有安全检查和警示　　　　　　　　　　B. 有安全检查，无警示

    C. 无安全检查，有警示　　　　　　　　　D. 无安全检查，无警示

（5）是否达到全勤？（　　　）

    A. 全勤　　　　　　　　　　　　　　　　B. 缺勤 0 ~ 20%（有请假）

    C. 缺勤 0 ~ 20%（旷课）　　　　　　　　D. 缺勤 20% 以上

（6）总体印象评价。（　　　）

　　A. 非常优秀　　　　　　　　　　　B. 比较优秀

　　C. 有待改进　　　　　　　　　　　D. 急需改进

（7）其他建议：

小组长签名：_____　　　　　　_____年_____月_____日

5. 教师总体评价

（1）对该同学所在小组整体印象评价。（　　　）

　　A. 组长负责，组内学习气氛好

　　B. 组长能组织组员按要求完成学习任务，个别组员不能达到学习目标

　　C. 组内有30%以上的学员不能达到学习目标

　　D. 组内大部分学员不能达到学习目标

（2）对该同学整体印象评价：

_____

_____

_____。

教师签名：_____　　　　　　_____年_____月_____日

附录　车身电器部件位置图

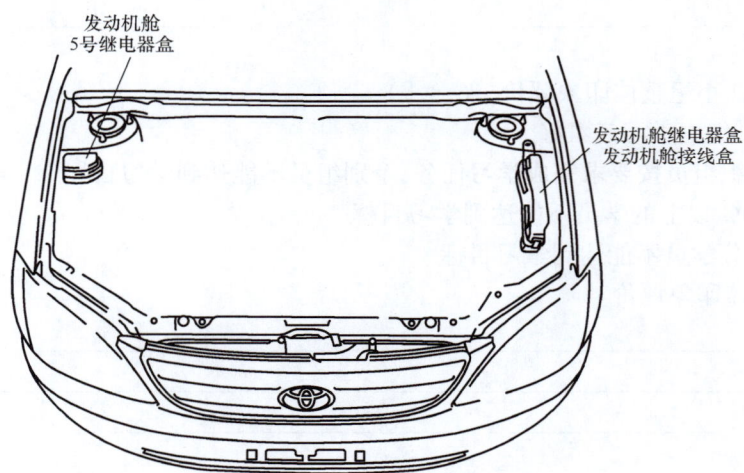

发动机舱
5号继电器盒

发动机舱继电器盒
发动机舱接线盒

附图 1　发动机舱继电器盒位置

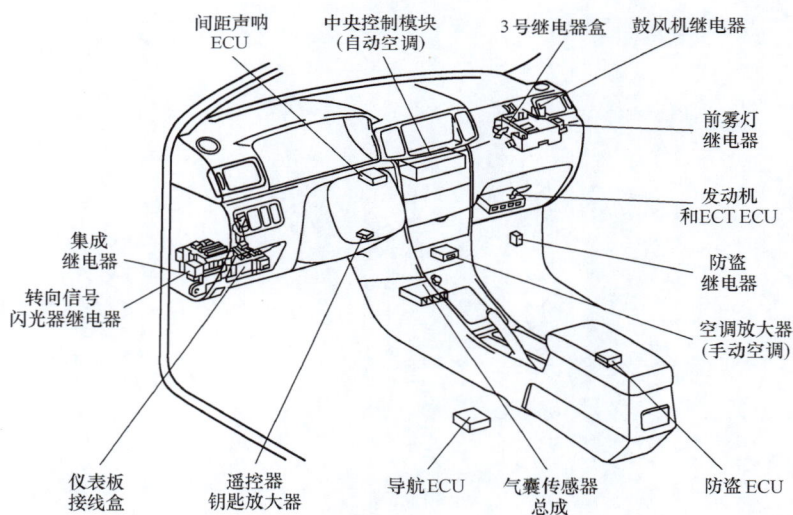

间距声呐
ECU

中央控制模块
（自动空调）

3号继电器盒

鼓风机继电器

前雾灯
继电器

发动机
和ECT ECU

防盗
继电器

空调放大器
（手动空调）

集成
继电器

转向信号
闪光器继电器

仪表板
接线盒

遥控器
钥匙放大器

导航ECU

气囊传感器
总成

防盗 ECU

附图 2　驾驶室继电器位置

天窗控制开关
和继电器

附图 3 车身继电器位置

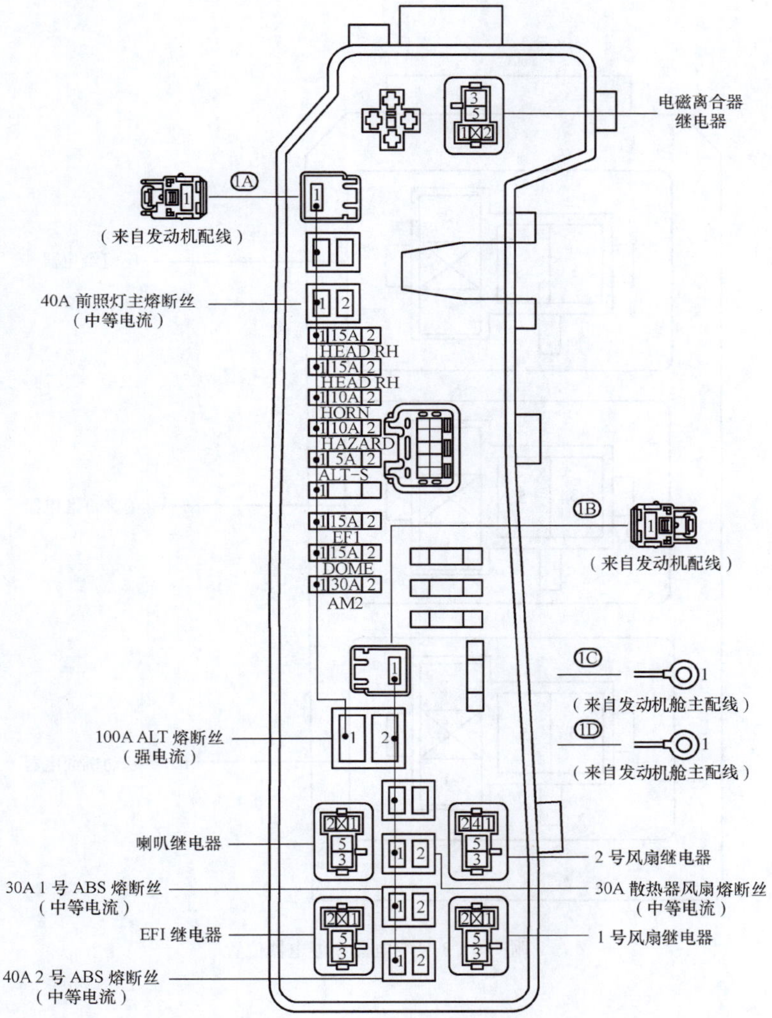

电磁离合器
继电器

（来自发动机配线）

40A 前照灯主熔断丝
（中等电流）

15A 2
HEAD RH
15A 2
HEAD RH
10A 2
HORN
10A 2
HAZARD
5A 2
ALT-S

15A 2
EFI
15A 2
DOME
30A 2
AM2

（来自发动机配线）

（来自发动机舱主配线）

（来自发动机舱主配线）

100A ALT 熔断丝
（强电流）

喇叭继电器

2 号风扇继电器

30A 1 号 ABS 熔断丝
（中等电流）

30A 散热器风扇熔断丝
（中等电流）

EFI 继电器

1 号风扇继电器

40A 2 号 ABS 熔断丝
（中等电流）

附图 4 发动机舱继电器盒继电器和熔断丝位置

137

前照灯继电器

	LO RH	
	10A	2
1	LO LH	
	10A	3
	HI RH	
	10A	2
1	HI LH	
	10A	3

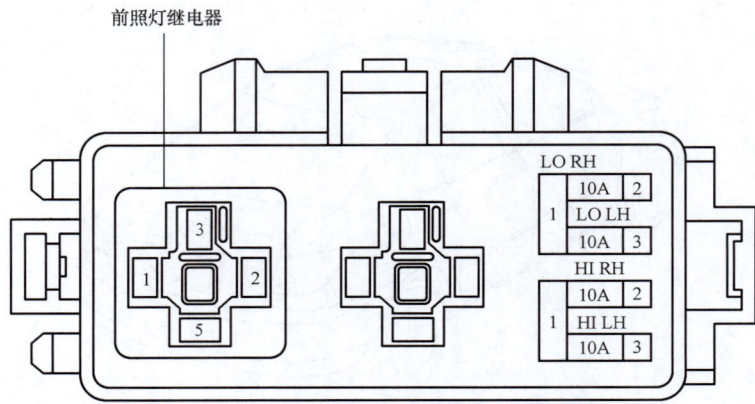

附图5　发动机舱5号继电器盒继电器和熔断丝位置

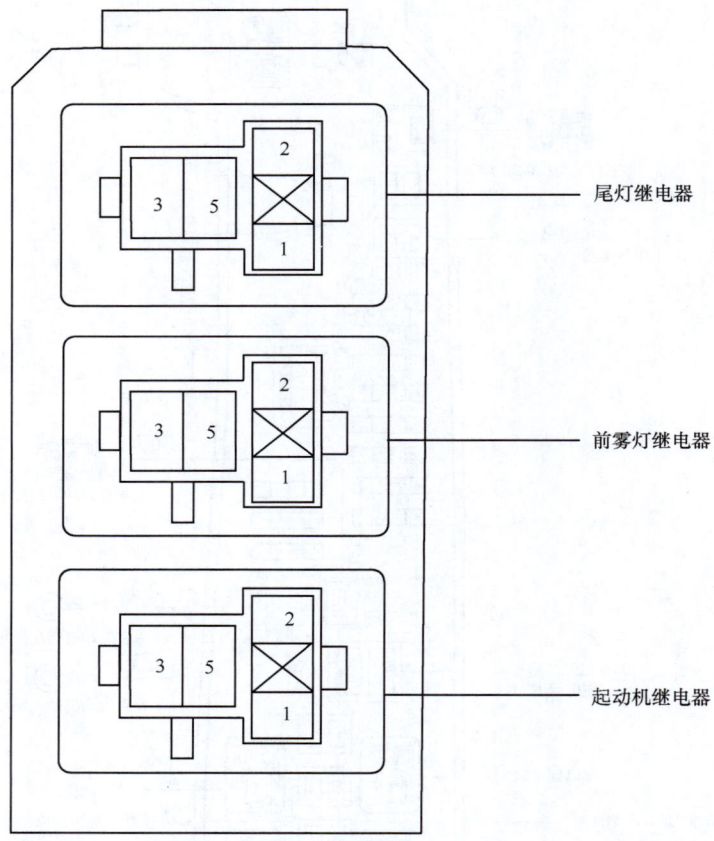

尾灯继电器

前雾灯继电器

起动机继电器

附图6　3号继电器盒继电器位置

(来自仪表板配线)

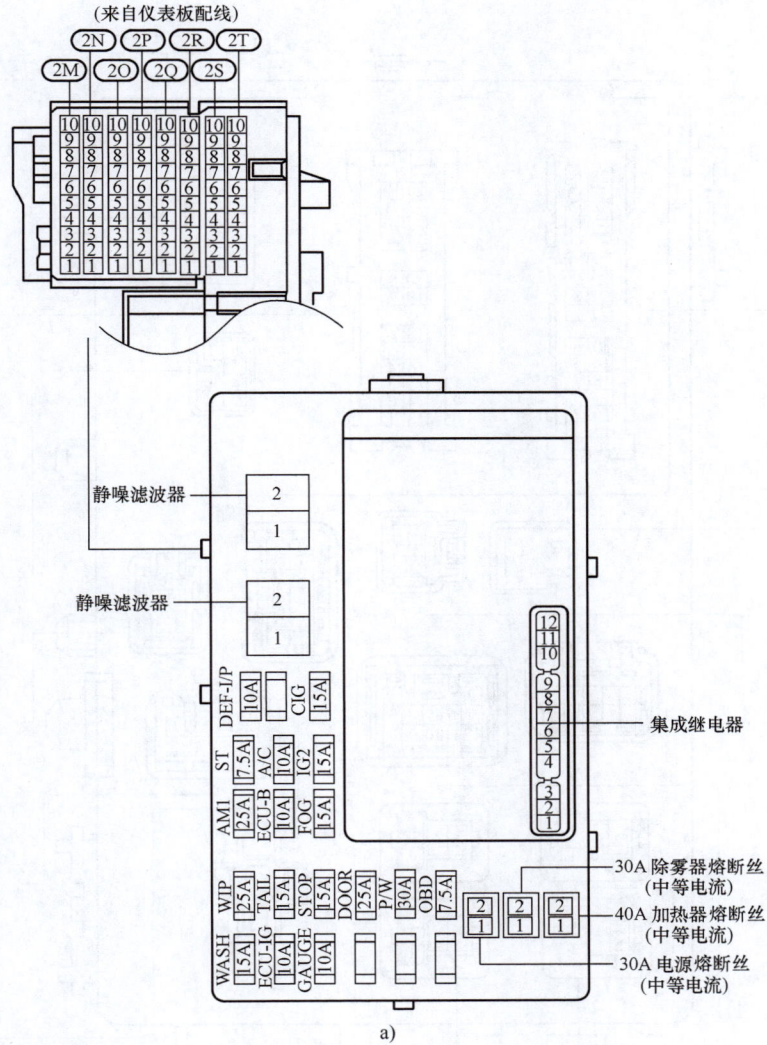

静噪滤波器

静噪滤波器

集成继电器

DEF-I/P [10A]　CIG [15A]

AM1 [25A]　ST [7.5A]
ECU-B [10A]　A/C [10A]
FOG [15A]　IG2 [15A]

WIP [25A]
TAIL [15A]　STOP [15A]　DOOR [25A]
P/W [30A]　OBD [7.5A]

WASH [15A]
ECU-IG [10A]　GAUGE [10A]

30A 除雾器熔断丝
(中等电流)

40A 加热器熔断丝
(中等电流)

30A 电源熔断丝
(中等电流)

a)

附图 7

139

黄色

（来自仪表板配线）

（来自发动机舱主配线）

黑色

（来自发动机舱主配线）

灰色

（来自发动机舱主配线）

（来自地板配线）

（来自车顶配线）

（来自仪表板配线）

（来自仪表板配线）

（来自仪表板配线）

（来自仪表板配线）

除雾器继电器

断路继电器

IG1继电器

电动车窗继电器

b）

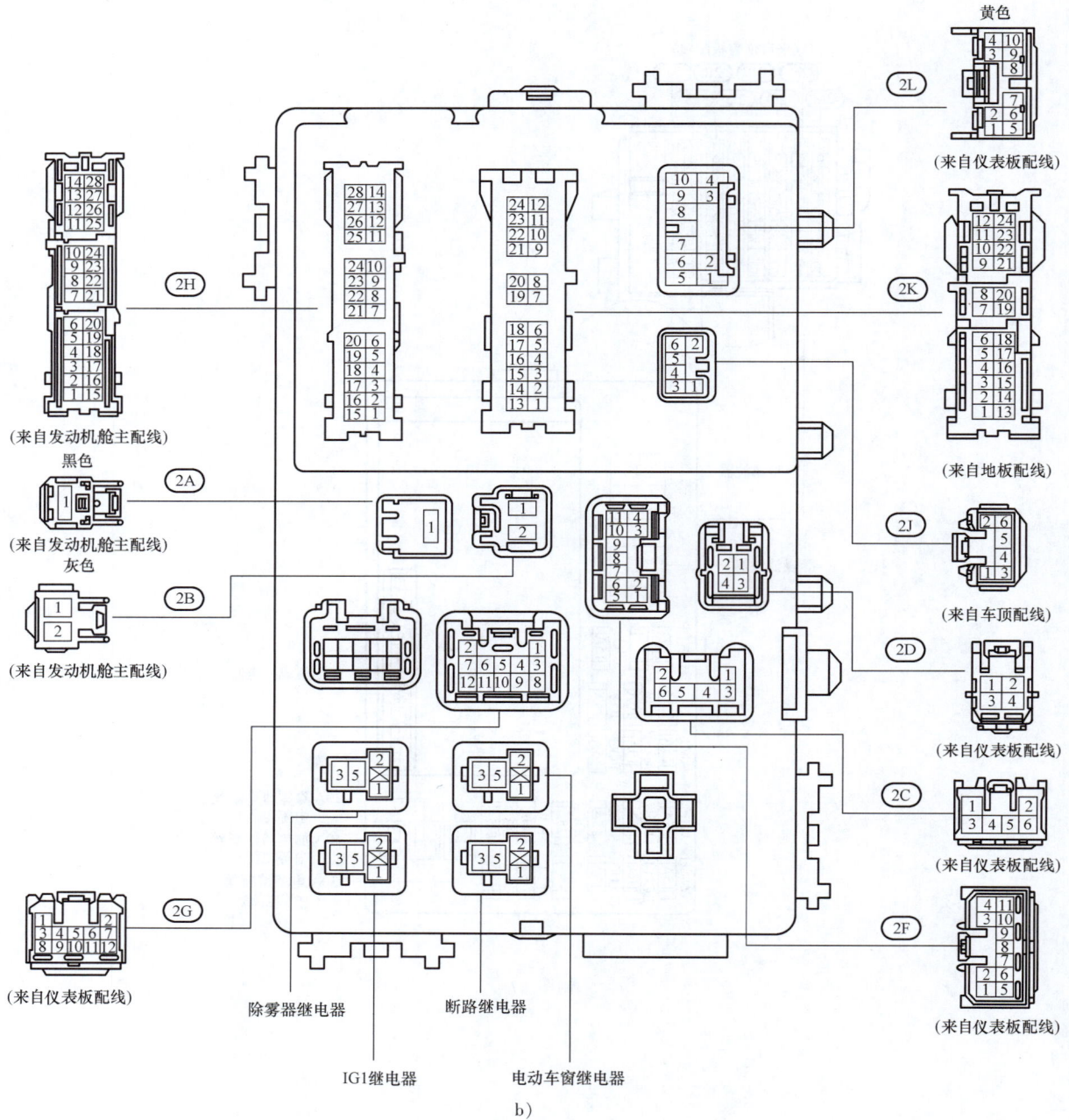

附图7　仪表板接线盒继电器和熔断丝位置

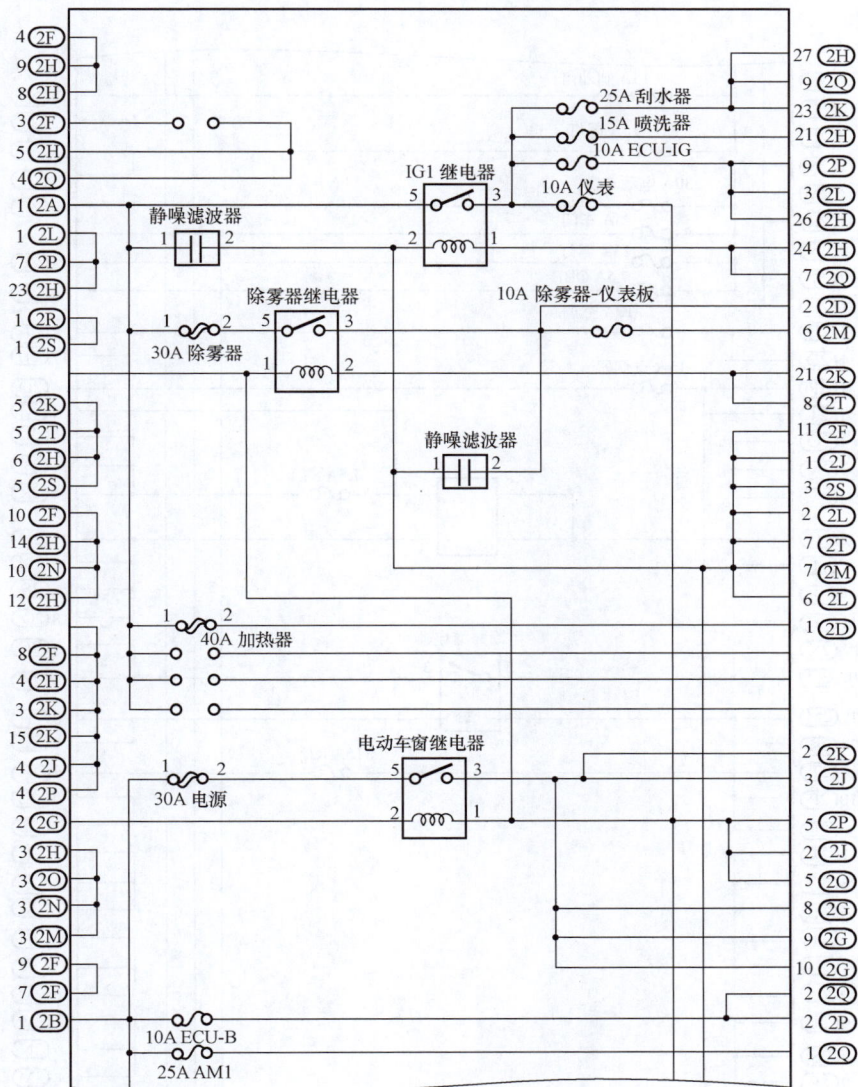

a)

附图 8

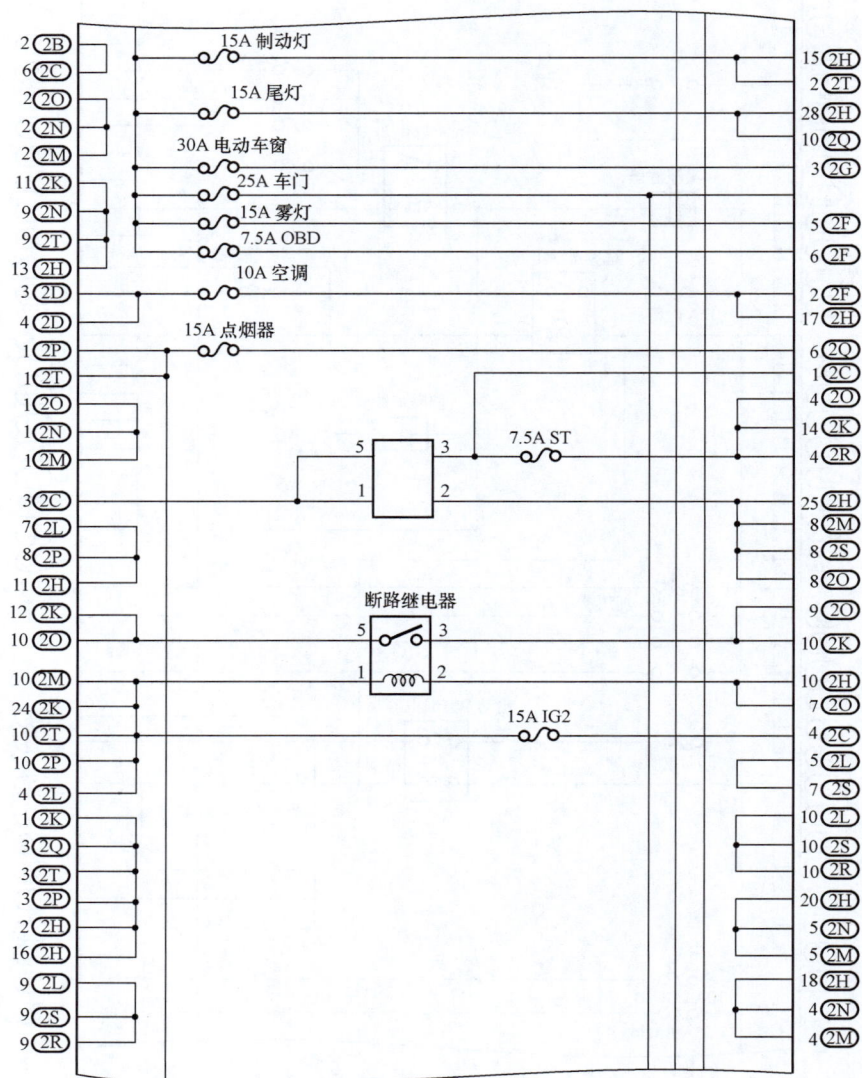

b)

附图 8

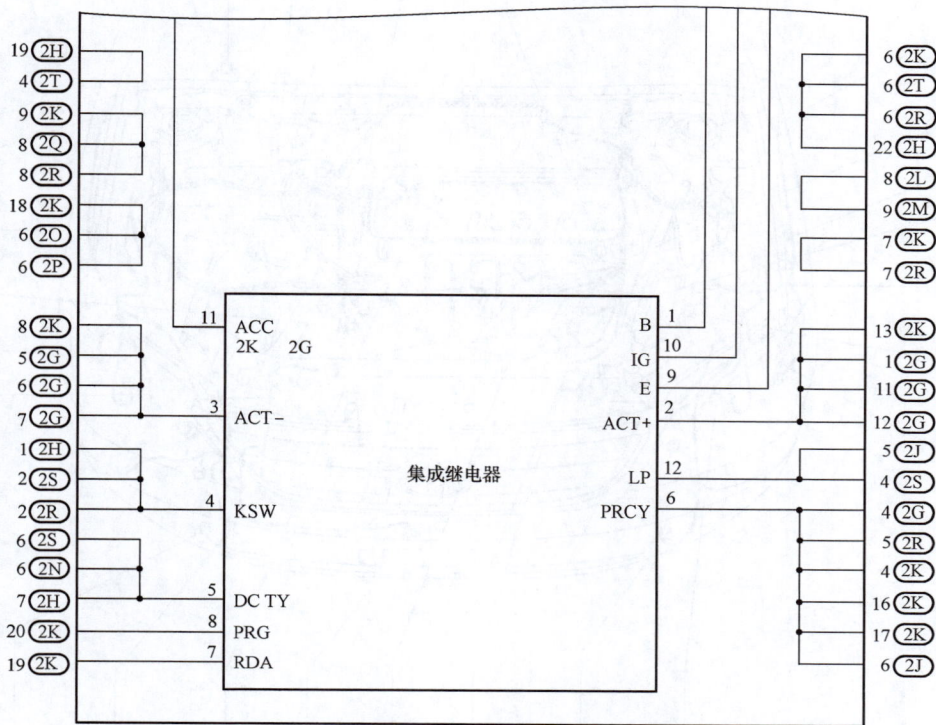

19 (2H)		6 (2K)
4 (2T)		6 (2T)
9 (2K)		6 (2R)
8 (2Q)		22 (2H)
8 (2R)		8 (2L)
18 (2K)		9 (2M)
6 (2O)		4 (2K)
6 (2P)		7 (2R)

集成继电器

左侧		中心		右侧
8 (2K)	11	ACC	B	1	13 (2K)
5 (2G)		2K 2G	IG	10	1 (2G)
6 (2G)			E	9	11 (2G)
7 (2G)	3	ACT−	ACT+	2	12 (2G)
1 (2H)					5 (2J)
2 (2S)			LP	12	4 (2S)
2 (2R)	4	KSW	PRCY	6	4 (2G)
6 (2S)					5 (2R)
6 (2N)					4 (2K)
7 (2H)	5	DC TY			16 (2K)
20 (2K)	8	PRG			17 (2K)
19 (2K)	7	RDA			6 (2J)

c)

附图 8　仪表板接线盒内部电路图

143

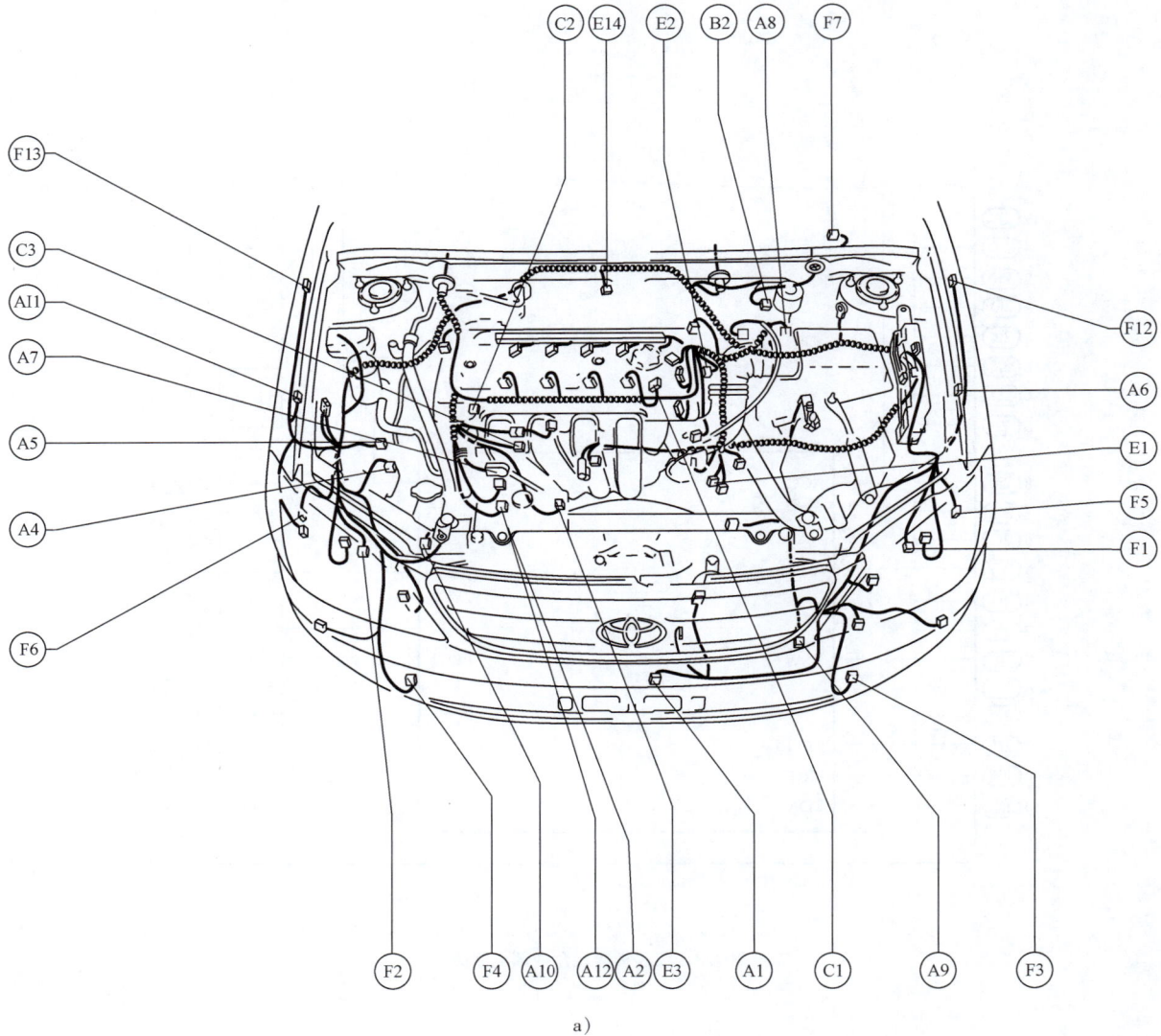

a)

A1-空调环境温度传感器；A2-空调电磁离合器；A4-空调三重压力开关（空调双重和单重压力开关）；A5-ABS调节器和ECU；A6-左前轮转速传感器；A7-右前轮转速传感器；A8-空气流量计；A9-左前气囊传感器；A10-右前气囊传感器；A11、12-交流发电机；B2-制动液液位警告开关；C1-凸轮轴位置传感器；C2-凸轮轴正时机油控制阀；C3-曲轴位置传感器；E1-ECT电磁圈；E2-EFI冷却液温度传感器；E3-发动机油压开关；E14-发动机罩灯控开关；F1-左前示宽灯；F2-右前示宽灯；F3-左前雾灯；F4-右前雾灯；F5-左前转向信号灯；F6-右前转向信号灯；F7-前刮水器电动机；F12-左前侧转向信号灯；F13-右前侧转向信号灯

附图　9

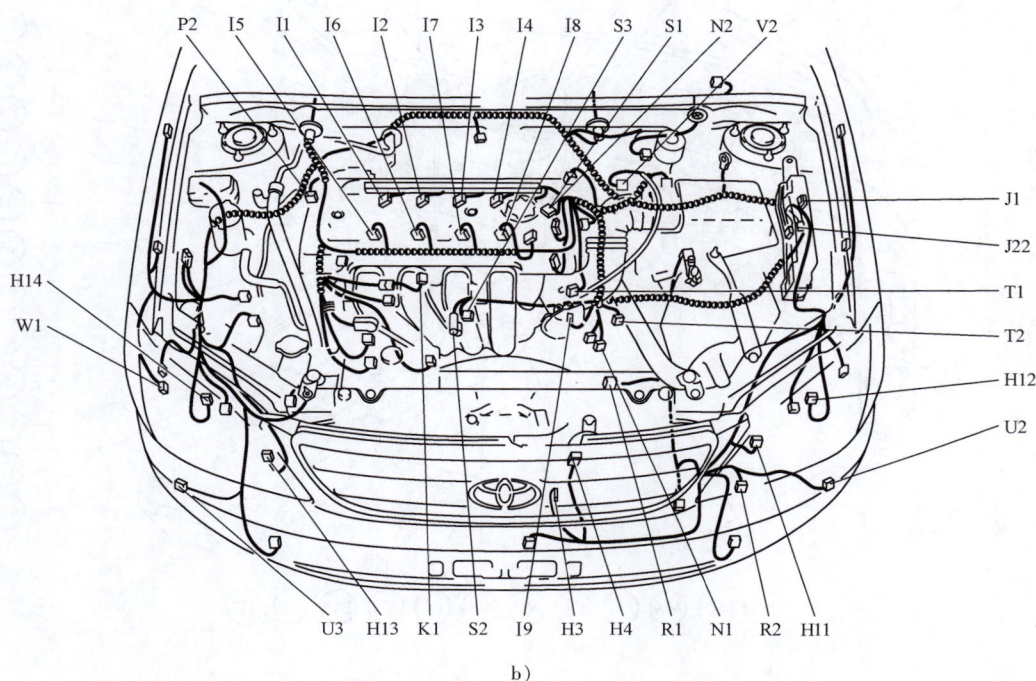

P2　I5　I1　I6　I2　I7　I3　I4　I8　S3　S1　N2　V2

H14

W1

J1

J22

T1

T2

H12

U2

U3　H13　K1　S2　I9　H3　H4　R1　N1　R2　H11

b)

H3-喇叭(高)；H4-喇叭(低)；H11-左前照灯(远光)；H12-左前照灯(近光)；H13-右前照灯(远光)；H14-右前照灯(近光)；I1-1 号点火线圈和点火器；I2-2 号点火线圈和点火器；I3-3 号点火线圈和点火器；I4-4 号点火线圈和点火器；I5-1 号喷油器；I6-2 号喷油器；I7-3 号喷油器；I8-4 号喷油器；I9-ISC 阀；J1、J22-中继接线器；K1-爆震传感器；N1-空挡起动开关；N2-静噪滤波器(点火)；P2-动力转向油压开关；R1-散热器风扇电动机；R2-散热器风扇电阻器；S1-车速传感器(组合仪表)；S2、S3-起动机；T1-节气门位置传感器；T2-涡轮速度传感器；U2-超声波传感器(左前侧)；U3-超声波传感器(右前侧)；V2-VSV(EVAP)；W1-喷洗器电动机

附图9　发动机舱部件位置图

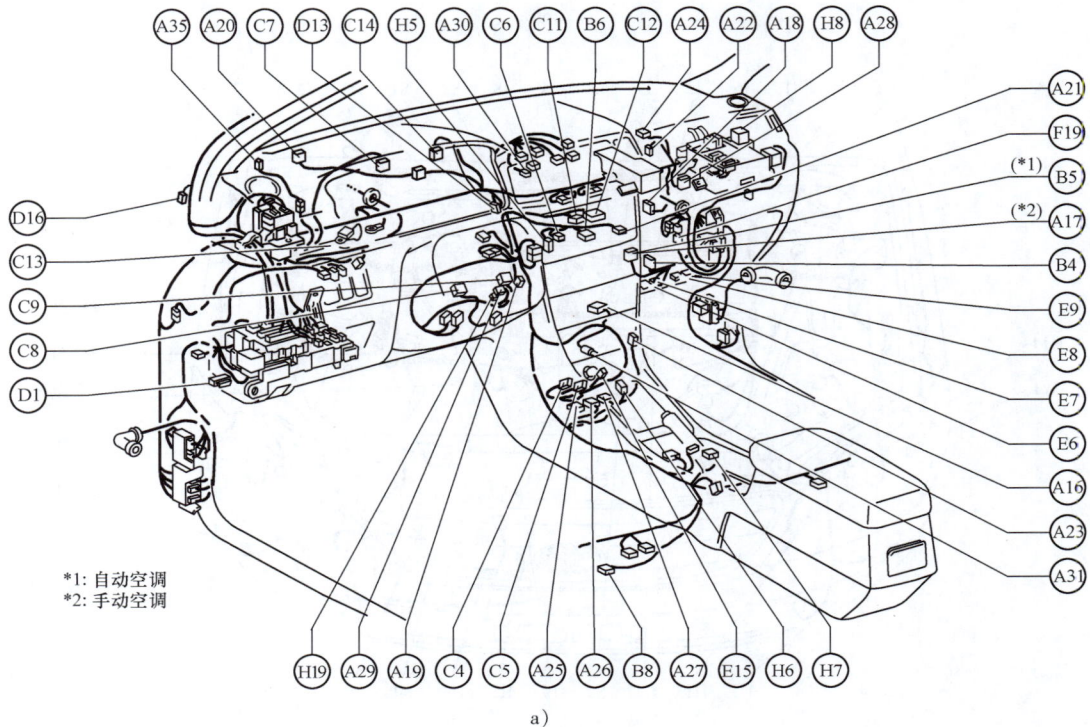

a）

A16-空调放大器；A17-空调鼓风机电动机线性控制器；A18-空调蒸发器温度传感器；A19-空调车内温度传感器；A20-空调日光传感器；A21-空调开关；A22-进气口风挡控制伺服电动机；A23-空气混合风挡控制伺服电动机；A24-出风口风挡控制伺服电动机；A25～A27-气囊传感器总成；A28-气囊发火管（前排乘客侧气囊总成）；A29-气囊发火管（转向盘衬垫）；A30-天线放大器；A31-烟灰盒照明；A35-自动灯控制传感器；B4-鼓风机电动机；B5-鼓风机电阻器；B6-鼓风机开关；B8-插扣开关（驾驶人侧）；C4-点烟器；C5-点烟器照明；C6-时钟；C7、C14-组合仪表；C8、C9-组合开关；C11、C12-中央控制模块；C13-间隙声呐 ECU；D1、DLC3；D13-二极管（前排乘客侧门控灯）；D16-二极管（TVSS）；E6～E9-发动机和 ECT ECU；E15-ECT 模式选择开关；H5-应急开关；H6-加热型氧传感器（1 列 1 号传感器）；H7-加热型氧传感器（2 列 1 号传感器）；H8-加热器继电器；H9-喇叭开关

附图　10

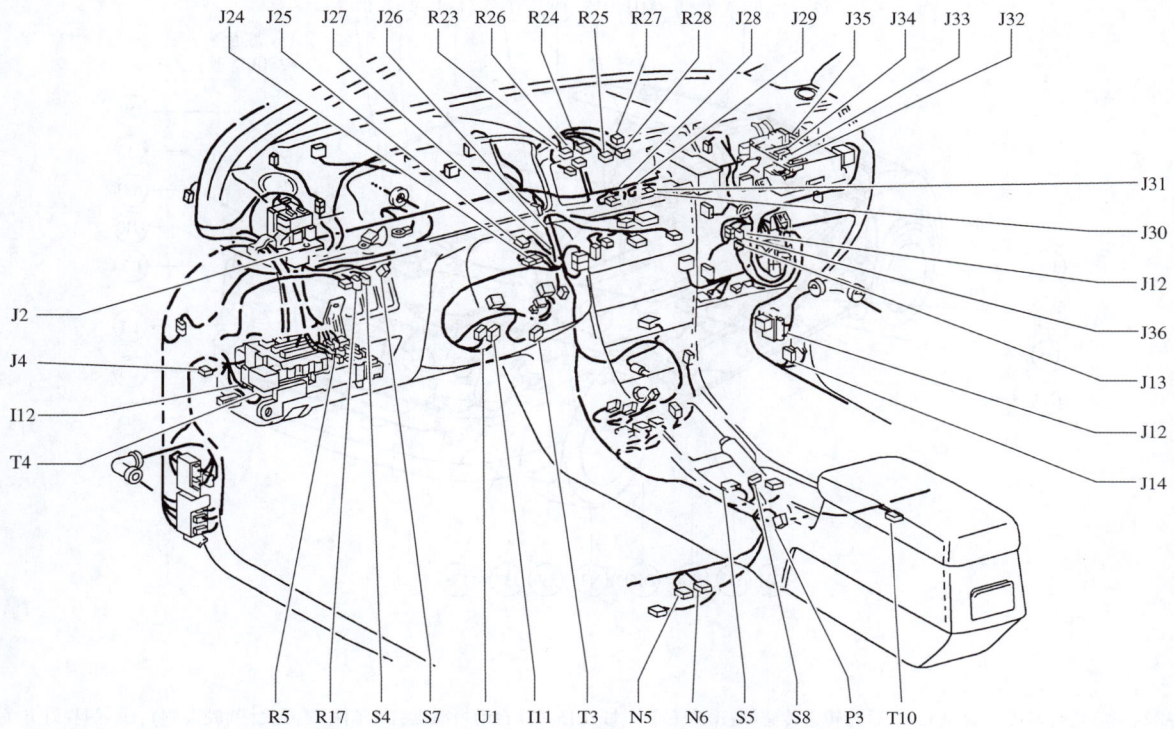

b)

I11-点火开关;I12-集成继电器;J2、J4、J12～J14、J24～J36-中继接线器;N5、N6-导航 ECU;P3-停车制动开关;R5-电控遥控后视镜开关;R17-后雾灯开关;R23～R28-带显示器的收放机;S4-安全指示灯;S5-换挡锁止控制开关;S7-制动灯开关;S8-换挡杆照明;T3-遥控器钥匙放大器;T4-转向信号闪光继电器;T10-防盗 ECU;T12-防盗继电器;U1-开启警告开关;Y1-偏移率传感器

附图10 驾驶室部件位置

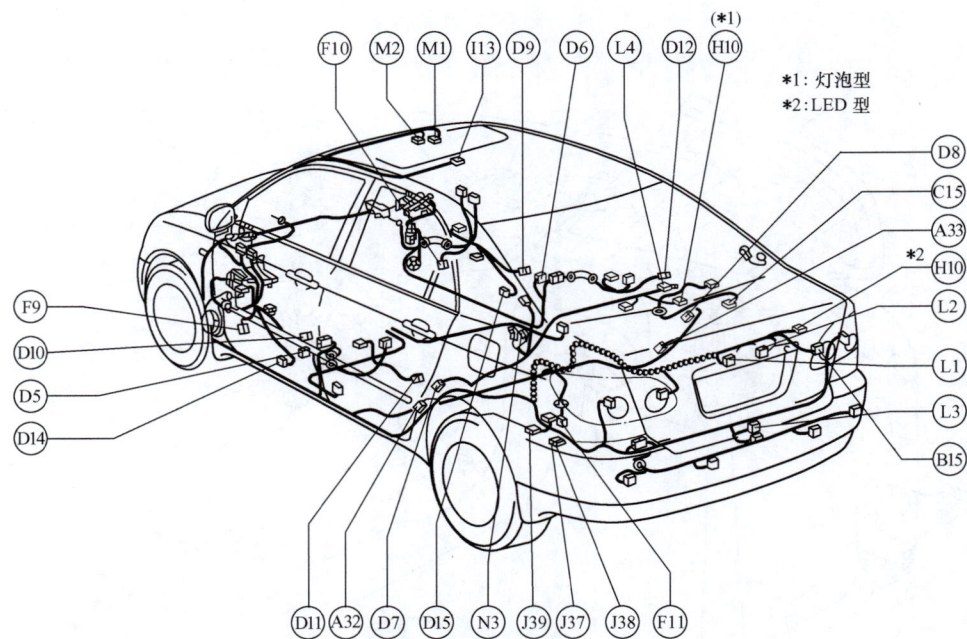

a）

A32-左后轮转速传感器；A33-右后轮转速传感器；B15-右倒车灯；C15-CD 自动换碟器；D5-门控灯开关（驾驶人侧）；D6-门控灯开关（前排乘客侧）；D7-左后门控灯开关；D8-右后门控灯开关；D9-门锁电动机（前排乘客侧）；D10-门锁电动机、车门钥匙锁止和开启开关、车门开启检测开关（驾驶人侧）；D11-左后门锁电动机；D12-右后门锁电动机；D14-门控灯（驾驶人侧）；D15-门控灯（前排乘客侧）；F9-左前门扬声器；F10-右前门扬声器；F11-燃油泵和燃油油位传感器；H10-高位制动灯；I13-车内灯；J37～J39-中继接线器；L1-左牌照灯；L2-右牌照灯；L3-行李舱灯开关；L4-行李舱灯；M1-天窗控制开关和继电器；M2-天窗电动机和限位开关；N3-静噪滤波器（后窗除雾器）

附图　11

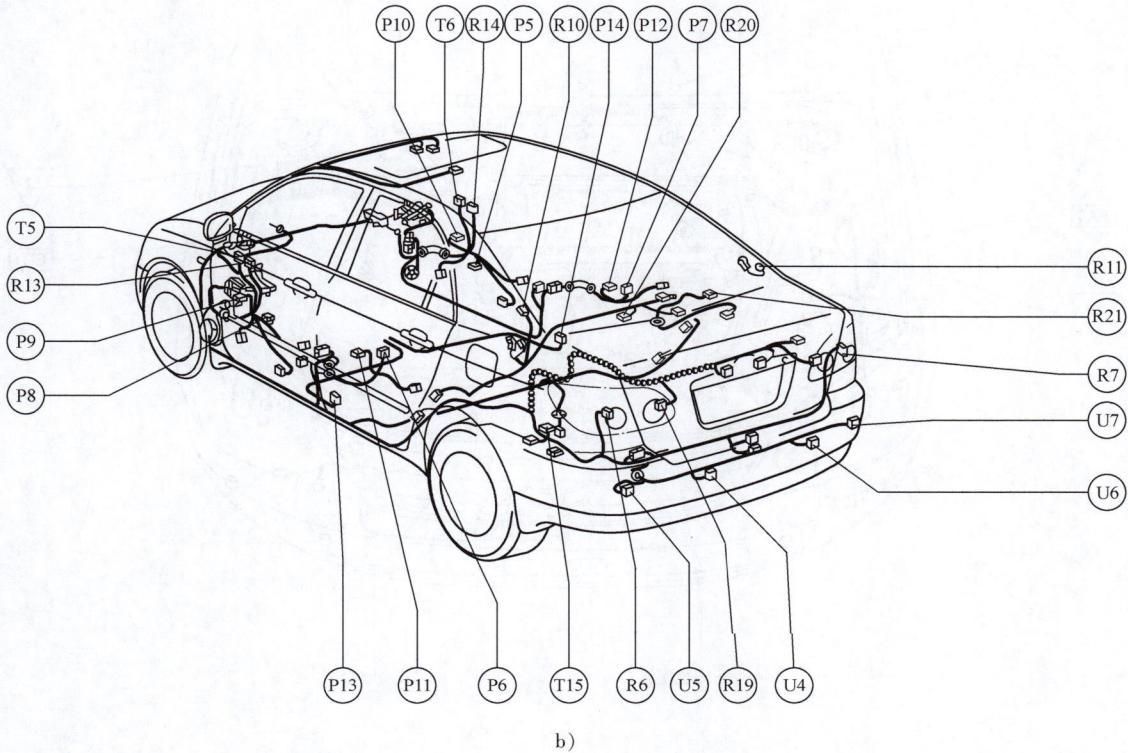

P10　T6　R14　P5　R10　P14　P12　P7　R20

T5

R13

P9

P8

R11

R21

R7

U7

U6

P13　P11　P6　T15　R6　U5　R19　U4

b)

P5-电动车窗控制开关(前排乘客侧)；P6-左后电动车窗控制开关；P7-右后电动车窗控制开关；P8-电动车窗主开关；P9-电动车窗电动机(驾驶人侧)；P10-电动车窗电动机(前排乘客侧)；P11-左后电动车窗电动机；P12-右后电动车窗电动机；P13-左预张紧器；P14-右预张紧器；R6-左后组合灯；R7-右后组合灯；R10、R11-后车窗除雾器；R13-左电控后视镜；R14-右电控后视镜；R19-后雾灯；R20-左后扬声器；R21-右后扬声器；T5-左高音喇叭；T6-右高音喇叭；T15-防盗警报器；U4-超声波传感器(中左后)；U5-超声波传感器(左后)；U6-超声波传感器(中右后)；U7-超声波传感器(右后)

附图11　车身部件位置

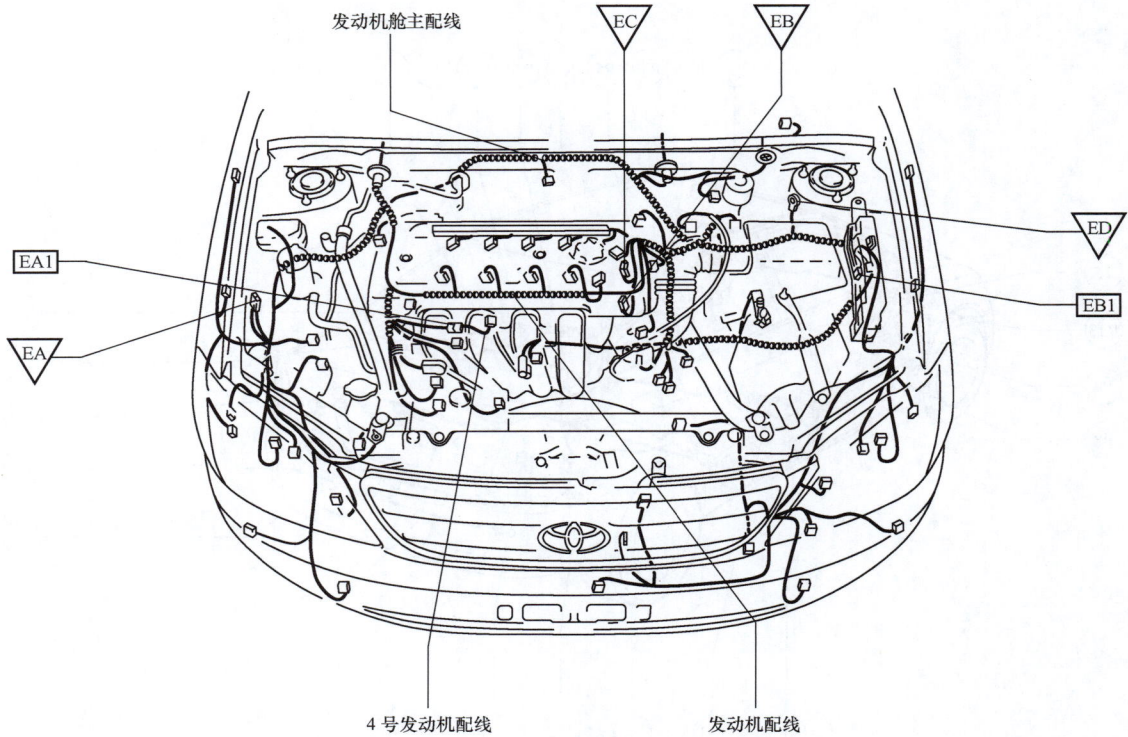

发动机舱主配线

EC

EB

ED

EA1

EB1

EA

4 号发动机配线

发动机配线

a）

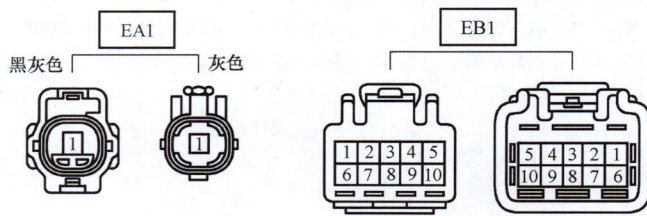

EA1

黑灰色   灰色

EB1

b）

附图 12   发动机舱搭铁线和连接线束的连接器位置

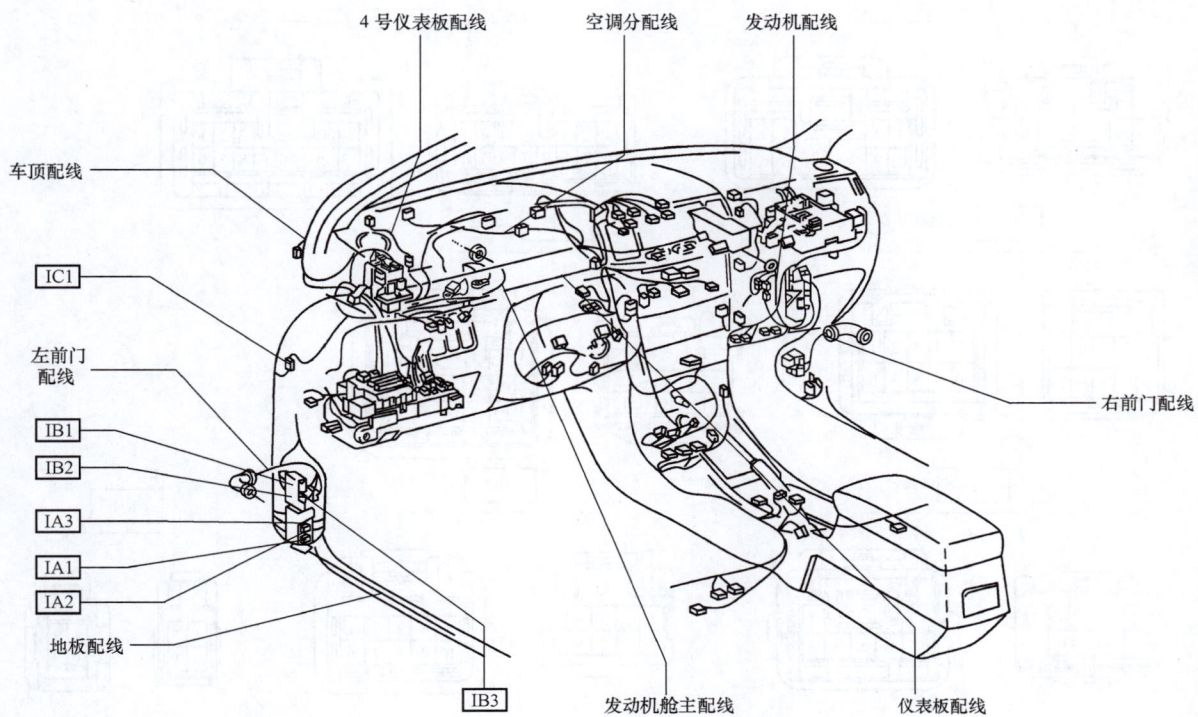

4 号仪表板配线　　空调分配线　　发动机配线

车顶配线

IC1

左前门
配线

IB1

IB2

IA3

IA1

IA2

地板配线

IB3

发动机舱主配线

右前门配线

仪表板配线

a)

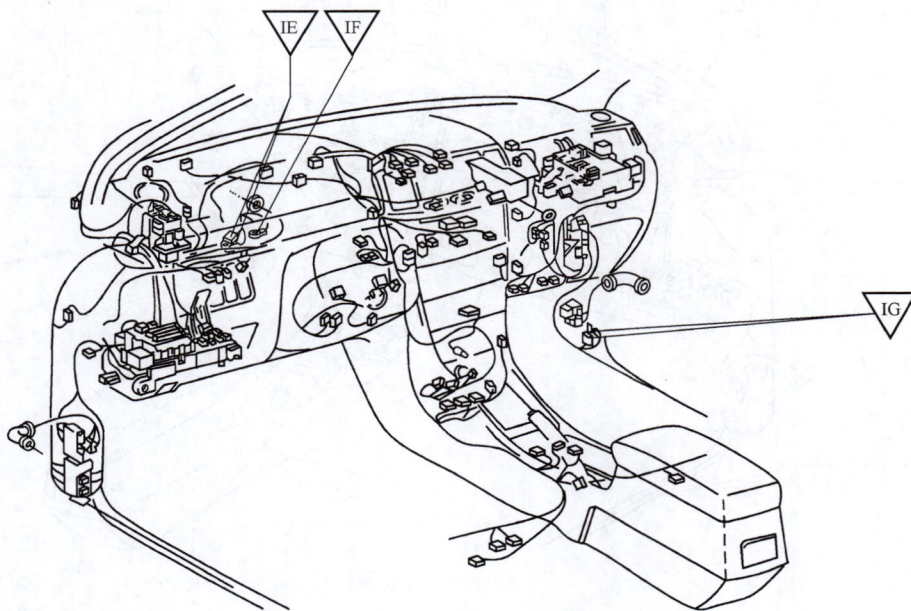

IE　IF

IG

b)

IA1 ~ IA3-仪表板配线和地板配线(左踏板);IB1 ~ IB3-左前门配线和仪表板配线(左踏板)IC1-发动机舱主配线和地板配线(靠近仪表板接线盒)

附图　13

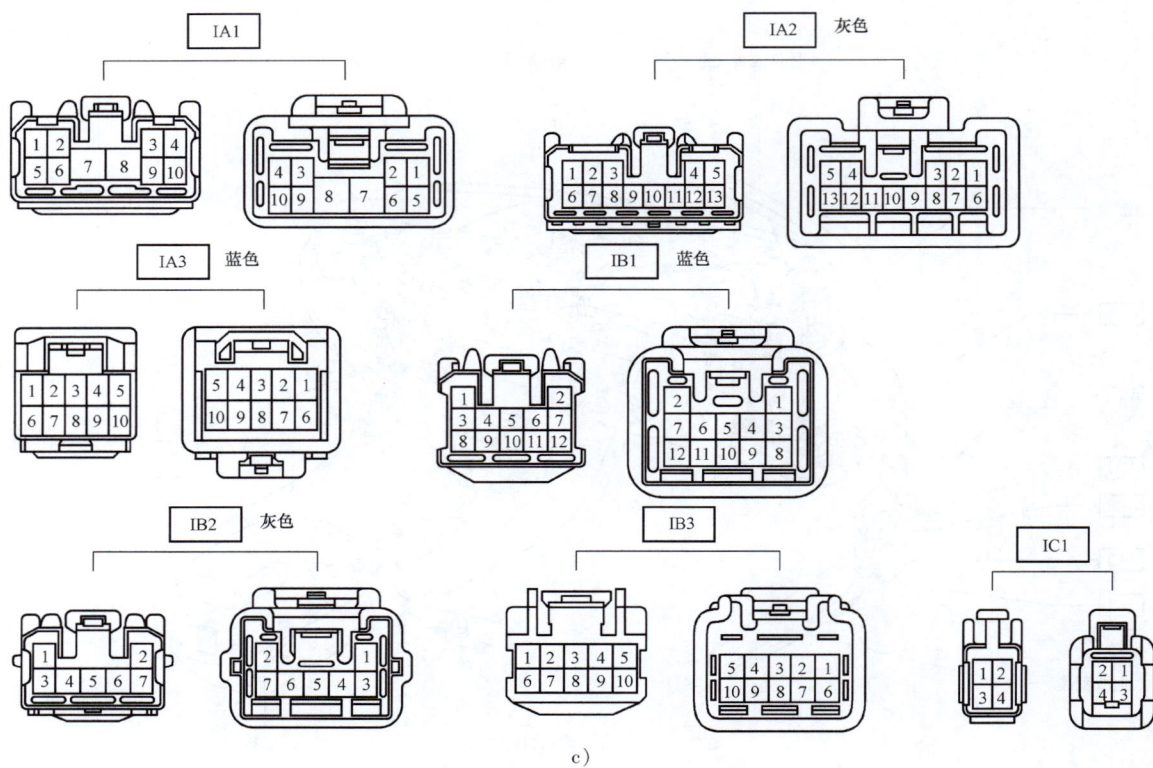

c)

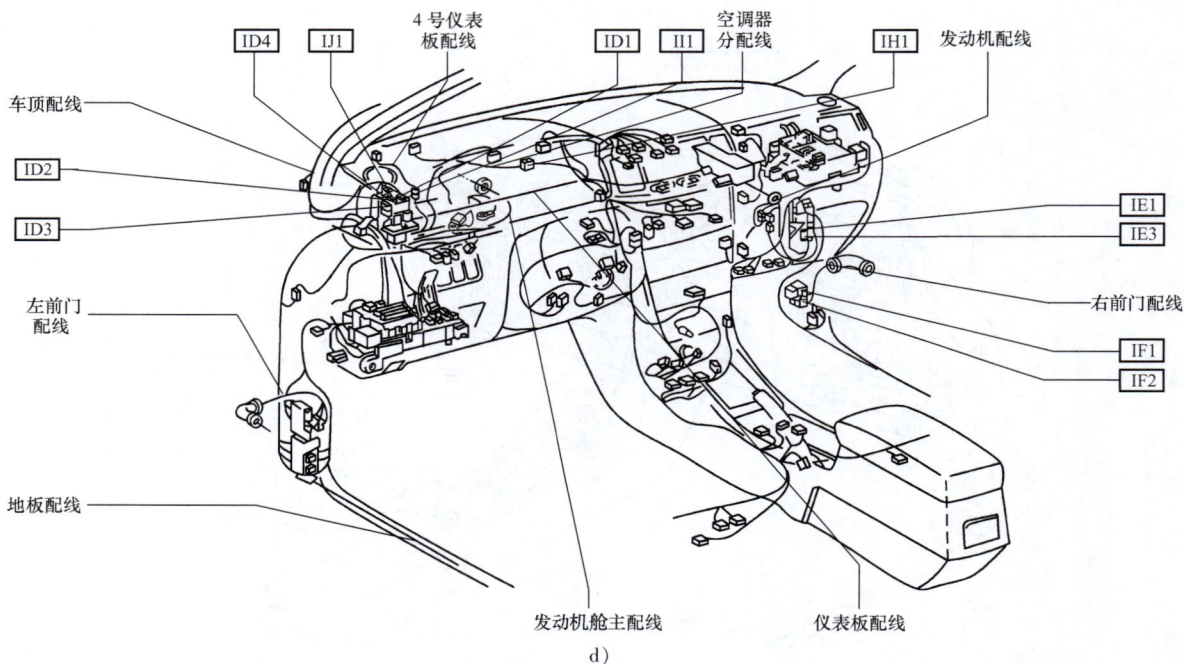

d)

ID1～ID4-发动机舱主配线和仪表板配线（仪表板左侧）；IE1、IE3-发动机配线和仪表板配线（杂物箱后侧）；IF1、IF2-右前门配线和仪表板配线（右踏板）；IH1-仪表板配线和空调分配线（组合仪表后）；II1-4 号仪表板配线和仪表板配线（仪表板左侧）；IJ1-车顶配线和仪表板配线（仪表板左侧）

附图 13

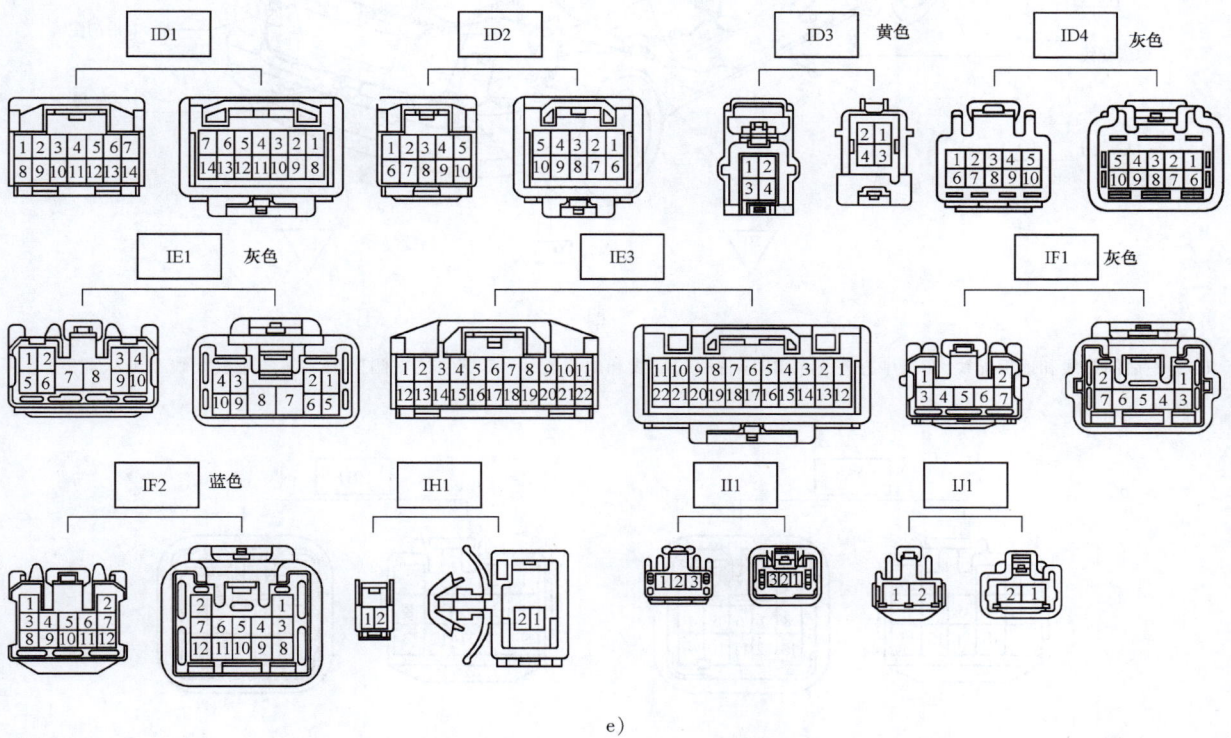

e)

附图 13　驾驶室搭铁线和连接线束的连接器位置

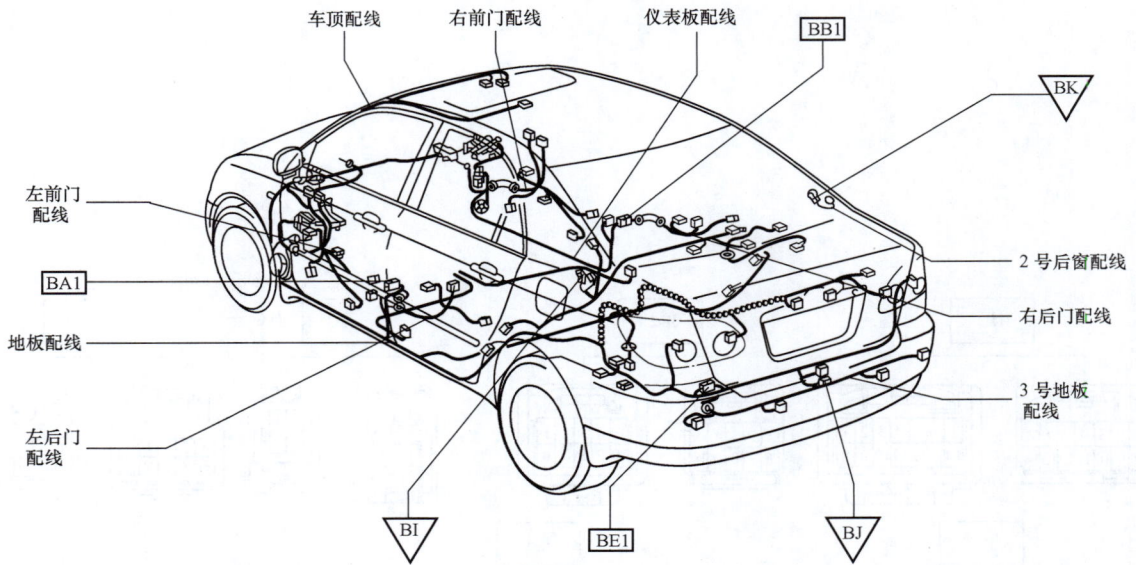

a)

BA1-左后门配线和地板配线（车身中柱左侧）；BB1-右后门配线和地板配线（车身中柱右侧）；BE1-3 号地板配线和地板配线（左下后围板）

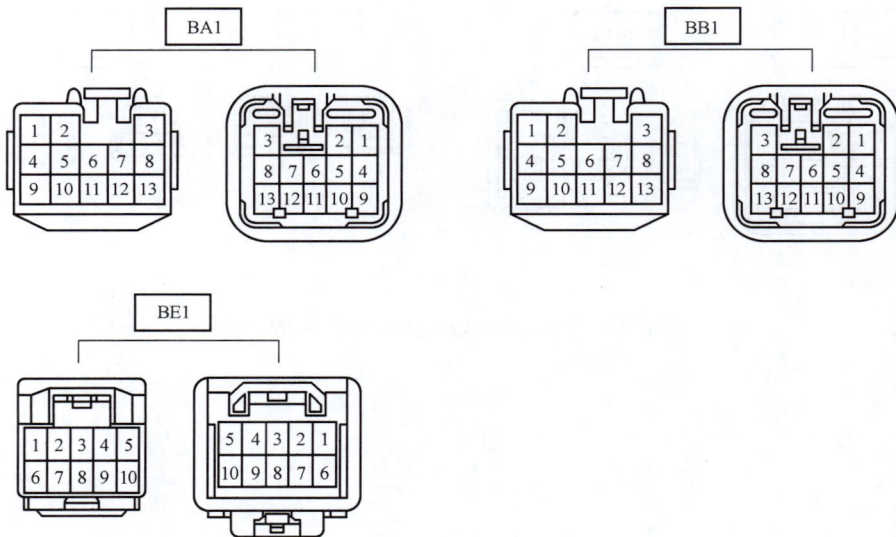

b)

附图14　车身搭铁线和连接线束的连接器位置图

参 考 文 献

［1］阳红.汽车车身电气设备检测与维修［M］.北京:机械工业出版社,2015.

［2］陈高路.汽车车身电气设备检修［M］.北京:高等教育出版社,2017.

［3］丰田卡罗拉维修手册带电路图.丰田汽车(中国)有限公司,2012.

［4］巫兴宏.汽车电气设备与维修［M］.北京:高等教育出版社,2005.

［5］周建平.汽车电气设备构造与维修［M］.北京:人民交通出版社,2002.

［6］陈勇.汽车中控门锁及防盗系统结构原理与维修［M］.南京:江苏科学技术出版社,2007.

［7］胡光辉.汽车电器设备构造与检修［M］.北京:机械工业出版社,2007.

［8］黄余平.电路系统和车身教学图解［M］.北京:人民交通出版社,2005.

［9］Norm Chapman.汽车电器与电器原理［M］.赵福堂,译.北京:高等教育出版社,2004.

［10］全国汽车维修专项技能认证技术支持中心编写组.电子电气系统［M］.北京:教育科学出版社,2004.

［11］张春华.汽车电器与电路［M］.北京:人民邮电出版社,2007.